箕子操《きしそう》

兼川晋
Kanekawa Susumu

不知火書房

箕子操／目次

Ⅲ　アレナレ河

箕子操

Ⅰ　箕子操

一

現在の中国で殷《いん》といえばただ単に土地のことを指す。国名としては商《しょう》と呼ぶそうである。その呼び方にならって言えば、昔、中国の華北平野に商という国があった。商は転々と都を遷して、最後に落着いたところが殷なのである。

しかし、日本ではそうした使いわけはしない方が普通で、私なども学校では夏、殷、周、秦と、殷を国名として習ったものである。

これは多分、司馬遷の『史記』の呼び方にならったものであろう。『史記』には「殷本紀」の項があり、殷は始祖の湯《とう》帝以来、十七世三十代続いたと記されている。

最後の天子は辛《しん》帝である。

紀元前十一世紀――日本で言えば縄文時代中期に当たる頃の話である。

辛帝には二人の叔父がいた。

胥餘《しょよ》と比干《ひかん》の兄弟がそれである。二人は年齢もさして違わず、仲も好かったが、性格はまるで対照的であった。

胥餘はおとなしかった。比干は寧ろ直情径行であった。身分にも相当の開きがあって、兄の胥餘は子爵であるのに弟の比干は無爵であった。胥餘は箕《き》国を受領していたので箕子《きし》と呼ばれた。

箕子は自分の甥にあたる辛が即位の大典をあげることになった時、その主催者の大役を引き受ける破目になったが、思えばその頃からのことであったろう。普段からおとなしい方だった箕子が更に一層、言葉少なになり、顔色も何故か冴えぬ日が続き始めた。

箕子は湯呑を両手でいつまでも包み込んで手放さない。湯呑の中は既に空になっているのに、それを口に当てて飲もうとして、はじめてそれが空であったことに気付くのである。ひとに呼ばれても返事を忘れる事が一再でない。慶賀すべき即位の大典を前にして箕子には何が起ったのだろうか。

このことに気付いた比干が、或る日、箕子に声をかけた。

「箕子よ。巫師《みこし》の役は大儀だな」

箕子はそれを聞くと、

「別に巫師の役が大儀だというわけでもないが……」

と後の言葉を濁した。

「それならいい。それなら、もっと元気な顔をしていろよ」

比干は皓い歯を見せて笑い飛ばした。

この時、二人が口にした巫師というのは後世の日本に見られる巫女《みこ》のようなもので、神がかりして天帝の意志を人々に伝える役である。この際は即位の式の主催者であるから、「天命に依り、殷朝三十代の帝位を辛に授ける」と天下に向けて宣言しなければならない。

だが、実はこのことと箕子のこの頃の塞ぎの虫とは無関係でなかった。箕子はその宣言をどうしても自分がしなければならないのだと思うと、心のどこかに忸怩たるものを感じないではいられないのだ。

天は、本当に、あの辛を選んだのであろうか。

あらぬ疑惑が鎌首のように頭をもたげてくるのである。しかし、事が事だけにこれは比干に対しても口にすべきではあるまい。

屈託のない比干の笑顔を眩しい思いで眺めながら、

「有難う」

箕子はただそう言って笑い返した。

殷の朝廷で、太子を誰にするかが問題になったのはつい先年のことである。先帝の乙《いつ》には啓《けい》、衍《えん》、辛《しん》の三人の王子があった。この中から大方の人が太子に考えていたのは啓である。啓は聡明で心優しい長男であった。微《び》国を受領して子爵に列せられ、微《び》子《し》と呼ばれていた。

箕子は乙自身の口から太子については微子を考えていると聞かされたこともあった。それがそうならなかったのは太史《たいし》の反対があったからである。

「正室に子がある時は側室の子を立てるべきでない」

と太史は主張した。

この場合、正室の子と言えば辛だけになる。微子も衍も側室腹の異母兄である。微子を推す者と辛を推す者と意見がわかれた。亀卜《きぼく》で占ったところ、辛を太子にすることに決まったのである。

こうした経緯があったのだから、乙の跡目を太子の辛が襲うのは至極当然の成行であった。殷では卜占こそが天の啓示であった。卜占の否定は天の否定にも通じた。

後世の『易経』の一節に「卜《ボク》ハ以ツテ疑《ギ》ヲ決ス。疑セズンバ則チトス可カラズ」とある。平たく言えば、占いは人智の及ばないところをはっきりさせてくれるが、人はとことんまで考えて、それで解決できるものならそうする方がよい。そこまで考えもしないで占ってはならない、というのである。

これは多分に、当たるも八卦当たらぬも八卦の、あの当たらぬ場合に生じるのであろう卜占に対する不信を事前に封じるための論理のように思われる。そこまで考えてもわからなかったものを卜占によって答えを得たのであれば、それがよし間違っていたとしても、卜占を非難するのは当たらないという言い方であろう。

殷の人々にそこまで完成された卜占の論理があったとは考えないが、論理がないだけ、それだけ直截に卜占を信じていたことには間違いない。従って、彼らがもしそれを否定するようなことがあったとすれば、それは現代の私たちが科学を否定するのと同じくらい大それた社会の常識に対する挑戦だということが出来たのである。

現代が科学万能と言えるなら、殷は卜占万能の時代であった。天の意志を聴くための卜占技術とその天を祀る祭祀権の独占の上に殷の天子の一族はどっかり胡坐をかいているようなものなのであった。

それなのに箕子は塞ぎの虫にとりつかれて浮かぬ顔をしている。

しかも、原因は辛である。

箕子は辛が卜占によって太子に選ばれたことを知っていながら、そのように現われた天の啓示を、あれは間違いではなかったかと否定しようとしているのであろうか。

そんな筈はない。もともと箕子は乙帝にとっては直ぐ下の弟、辛にとっては叔父に当たる王族である。殷の貴族には婦、子、侯、伯、亜、男、田、方の八爵があり、このうち婦は天子の室に与えられ、子は王子に許される爵位である。しかし、室や王子なら皆が皆、爵位を与えられたというわけのものではなく、二十三代の武丁《ぶてい》帝など六十四人の后妃がいたのであるが、婦爵を受けたのは僅かに三人であった。現に同じ兄弟でも、箕子の弟の比干は無爵である。微子の弟の衍も無爵である。こう見てくると、箕子こそは卜占の技術を独占する殷の体制の中でも祭祀権者としての殷帝に最も近い立場のひとつに立っている人物であった。天子を一国の元首に譬えるならば、巫師は優に宰相の地位に相当するほどの役職である。

その彼が、こともあろうに卜占を否定する——そのようなことのある筈がない。

箕子はただ、微子か辛か、あれほど明快に選択の出来た筈の問題を何故、亀卜に問わねばならなかったかという、そもそもの出発点に妙な痼《しこり》のようなものを感じているだけであった。しかし、その痼に一旦こだわりだすと、それが次第に例の疑惑にふくらんでくる。だから一方ではその痼が早く解消してくれることを願わずにはいられない。それなのにいつまでもその妙な痼はとれないでいる。正直なところ、箕子は今、困惑しているのであった。だから浮かぬ顔しか見せることが出来ないでいた。

実を言うと、辛について占いをしたのは乙自身ではない。乙はこの占いを貞人《ていじん》に命じた。貞人というのは卜占に関する当時の専門職の職名である。

「卜《ボク》シテ貞《ト》ウ。受《ジュ》ハコレヲ命ゼラレンカ」

辛は字《あざな》を受《じゅ》といった。つまり、辛に天命はくだるだろうかと貞人は占ったのである。するとこの時、亀卜の答えは命ぜられると出た。灼け焦げた亀版の亀裂を貞人が示すと、立ち会っていた乙は、黙って大きく頷いてみせた。

「やっぱり、そうか」

居合わせた人々の口からは溜息のような声が洩れたのであった。

乙の長男である微子は、太子とするのに、帝も皇后も異存ないほどの器量であったが、側室腹であったために反対する者のいたことは既に書いた通りである。では、正后の子の辛はどうだったのであろうか。

『史記』の記述には、頭脳明晰、弁舌爽やか、動作敏捷、見聞に聡く、材力《さいりょく》、腕力も優れていたとある。こういう人物を入社試験で落とす時には「良すぎる」といって落とすしかない。従って、大方の人が、太子についての亀卜が行われた時、辛を正当な殷の太子とする天命に疑いをもたなかったのは当然である。辛を推す者は勿論、そうでない者の口からも漏れた「やっぱり、そうか」にはそういう実感がこめられていた。

にも拘らず、箕子が釈然としなかったのは何故だったのか。それは微子ならば謹んで天命を受けもしようが、辛は傲慢に、

「天命か。そんなら仕方がない」

とでも言い出し兼ねないからであった。

己を空しくして天の意を聴くために卜占を以って天に仕える神聖な宗教的君主が、それで果たして勤まるであろうか。その一抹の危惧の思いは箕子の心から遂に霽《は》れることはなかった。

更にもうひとつ釈然としないのは、この頃の卜占の仕方であった。

殷のト占は、昔は獣骨を灼《や》く至極素朴なものであった。牲に捧げた獣の骨を灼いて、その灼け具合を見ては祭儀の成否を占ったものだという。牛の骨もあった。鹿の骨もあった。それが近頃では、占い専用に用意された養殖の亀を使うようになっていた。ことほど左様に、何かにつけて直ぐト占に走る風潮を箕子は少なからず苦々しいものに思っていた。

どんなに些細なことでも、わからないことをわかろうとする時には直ぐ占うのである。

歯が痛む。何故だろう。わからない。ひょっとするとこれも先祖の霊の祟りではあるまいか。

占ってみる。祟りであれば盛大に牲を供えて先祖の慰霊祭を催す。祟りでなければ感謝祭を催す。こうして、ト占のための亀の消費量は年々増加の一途をたどるようになっていた。

そんな時、占いに使う亀をその度に捕らえに行くのでは間拍子に合わない。だから、亀は毎年秋口に捕らえてきて冬中養殖しておいた。春になったらその色形のいいものからト占用の亀として選び出し、それに血をかけて清めるお祓いの式を挙げる。それがすんだ亀は別の池に放して、毎朝、清水で綺麗に洗い、ト占の日が来るのを待つという段取りである。

その日が来ると、亀を先ず祭壇に載せ、牲を供える。更めて又お祓いをして亀の肉を刳ぐ。鋸で横腹を截《き》り、脊甲と腹甲に分けて酒で洗う。腹甲に鑢《やすり》をかけて平らに磨く。これで亀卜に使う亀版が出来上がるのである。

亀版の裏には唇の形の凹みを薬研彫の要領でうがつ。すると、この凹みの断面はV字形の谷をつくり、この谷の部分は亀版が薄いので罅《ひび》が走りやすくなるわけである。この凹みを鑿《さく》といい、鑿の脇には擂鉢形の円い小穴の凹みを作る。これを鑽《さん》という。鑿の長径の延長線上には縦の罅が走り、鑽の周辺では横に罅が生じる。それを吉凶、諾否の卜兆《ぼくちょう》として読む。更に卜兆の現われた部分を避けて、後で占いの内容を刻んでおく。これが卜辞《ぼくじ》である。このへんの徹底した記録癖は、いかにも中国らしい。

以前は、この占いの出来る者、それが天子であった。なのに、文字が発明されてから占いの後、卜辞を刻むようになり、初めはその文字を刻むことだけが専門であった貞人《ていじん》という役職の者がいつの間にかすべて事をすませるようになってしまった。文字を解する貞人はインテリに違いなかったが、卜占の最高責任者は本来、帝ではないのか。とすれば、何故、帝が自らの手で鑽や鑿をうがって灼くことをしないのだろう。武丁帝の頃からそのようになったと聞いたこともあるが、これは卜占の堕落ではないかと箕子は考えるのである。亀甲を灼《や》く。手箒に水を含ませる。そして、一瞬、灼熱の亀甲に箒を打ちかけると、水の滴は玉散り走り、亀甲は音立てて亀裂を生じる。それらをすべて貞人という専門職に任せっぱなしにして、帝はただその卜占に立ち合うだけというのでは手抜きも甚だしい。帝は大抵の場合、その結果を読むだけで終ってしまうのである。

何故なのか。あの鑿や鑽のうがち方に問題はないのか。それで亀裂が左右されるということはないのか。又、卜辞の選び方はどうなっているのか。あの場合、何故「受ハコレヲ命ゼラレンカ」としたのか。「啓ハコレヲ命ゼラレンカ」と貞《と》えばどうなっていたのか。同じ受についてトするにしても、「受ハコレヲ命ゼラルルコト勿《ナ》キカ」と貞えばどうなっていたのか。答えはすべて逆になってしまうはずである。

要するに、卜占を貞人に任せてしまえば、貞人によって卜占はどうにでもなるだろう。あらかじめ帝の意向を知ってさえおけば、帝の意をむかえるように亀裂を走らせることさえ出来るのではないのか。そうすればその貞人はますます重用されて不正な卜占ばかり仕組むことになるだろう。そうでない貞人は嫌われて本当の卜占は顧《かえりみ》られないことになる。

手の込んだ卜占をして勿体ぶるほど有難がられるという形式に堕した最近の風潮。それを背景として貞人の仕事が専門化すればするほど不正を仕組む技巧は容易になって、その誘惑の機会もふえるのではあるまいか。

もしもそうした不正の卜占の結果が辛に天命を降したのだとすれば、自分は即位の式で具体的にどう振る舞うべきであるか。

箕子は、いやいや、そんな恐ろしいことのある筈があろうかと頭を振った。第一、乙帝も正后も、辛を太子に望んではいなかったのに、貞人が故意にそれを仕組んだとして何の得るところがあったろう。あれは、正しく天命なのだ。自分は、つまらぬ思いに動揺することなく、ただ天命を天命として宣言すればいい。箕子はつとめてそう考えようとした。「民ハ神ナリ」とも言うのだから、所詮、天命も民意の表徴に過ぎない。とすれば、辛を正統の太子として誰もが認めているという事実こそ、それが天命であることの証明ではないのか。

箕子はそう考えることで自分を納得させようとしたこともある。だが、その時でさえ、箕子の頭のどこかの隅には巫師の役からだけは手を引きたいと考えているもう一人の箕子がいるようであった。

或る日、楽官の少師《しょうし》が来て箕子に言った。

「新らしい茲《じ》が出来《しゅったい》しました。ご覧になりますか」

「うむ」

少師は人を使ってわざわざそれを箕子の前に拡げて見せた。

祭政一致の殷で即位の大典といえば踐祚の大祭ということである。祭祀を司る楽官は少師と言え身分低からぬ役人なのであった。

箕子はその見事に織り上げられた茲が、式の当日、祖廟の南壇に新帝の蓐席として敷かれ、そこを歩む白衣、大袖袍《だいしゅうほう》姿の若い天子を想像してみる。

「…………」

「式の日はお日和がよろしいことをお祈りいたします」

茲に見入る箕子の傍にひかえて、少師も当日のことを思い描いたに違いない。

「間もなく采《さい》も出来上る筈です」

と少師は言葉を添えた。

采というのは丈餘の幣である。それを大形《おおぎょう》に振り回すことによって、天上に帰った祖先の霊を祭祀の場に呼ぶことが出来ると殷の人々は考えていた。恰も新郎新婦の前に神官がご幣を祓って、祖先の霊を彼らの結婚に立ち会わせる現代日本の風俗と同断である。神道《しんとう》とか、神《かん》ながらの道といえば、それがいかにも日本独特のもののように思われもするのだが、何のことはない。原形は紀元前十何世紀の殷なのである。当時、縄文期の真っ只中にあった日本に祖先を神として祀る祖廟があったか、どうか。だが、既にこの時期、高台に建てられた殷の宗廟には草葺《くさぶき》ながら太古の蒼穹を衝くかのように白木の千木《ちぎ》が聳え立っていたのである。このことは甲骨文字「」が何の象形であるかを考えれば容易に理解されよう。千木はその後日本に伝播して神社建築の原形となった。本家の中国でその様式は既に失われたが、日本にはまだ人類の尾骶骨のような形でビルの谷間にも残されている。

　それは兎も角、箕子は立場上、こうした祭の準備に否応なく引き込まれていった。すると、祭のためには特別に吟味した御神酒も必要であろう。明水の用意もさせなければならない。明水というのは鏡の表面に結露した霈を溜めた蒸留水で、祭には欠《か》かせない聖水である。牲の手配も忘れてはならない。牛がよいのか。羊がよいのか。これも占って決めるべきことなのである。

　結構、箕子は忙しかった。こうなってくると気持ちが進む進まないを問題にする暇などやがてなくなって来て、箕子はもう、これ以上その事で思い悩むことは止めようと思った。天命に二つあろう筈もないものを、辛が帝位を襲ってもいいではないか。若くて発明な辛であってこそ、改革できる行政もあるに違いない。辛を選んだのが天である以上、殷はその辛に賭けてみる以外に方法があろうか。

心の中で誰かが箕子にそう囁いた。箕子はその声を確かに聞いたと思った。

あれこそが正しく天の声であったのだろうか。

そう思った時、今まで箕子の胸裡の一隅を領して片時も忘れることの出来なかった痼のようなものが嘘のように消え、箕子はいっそ晴れ晴れとした気持ちで式典の準備にいそしめたのである。

辛の踐祚まで忙しい日々が毎日続いた。

二

とは言え、忙しいのは何も箕子だけに限られたことではなかった。卿《けい》も大夫《たいふ》も太師《たいし》も少師も、大袈裟に言えば殷の人たちは皆それぞれに忙しかった。子供たちでさえ街の清掃に駆り出される日が続いた。

天皇が行幸すれば行く先々の道路が皆、舗装されるという一頃があったが、言ってみれば、まあ、そんな具合と言うか、まさかアスファルトもない時代であったが、街の清掃と一口に言ってもそれは徹底した使役であった。辛《しん》の宮殿から祖廟までの間を道に落ちている小石一つ残らず拾ってしまうのである。生えている草を一本も残さず抜き取ってしまうのである。

考えてみれば、これは聊《いささ》か行き過ぎのように思われるけれども、別に人々はそれを大して苦にしている様子でもなかった。人々は寧ろ生き生きとしていた。それくらいの苦役は彼らにとっては何程のことでもなかったからである。彼らはもっと過酷な労働のあることを知っていた。殷の社会は奴隷制であったから、彼らは人であって人でなく、必要とあらば祭のための牲にさえ供されたのである。

小さな祭では一人、二人。それが、十人、二十人、時には百人に及んだこともある。人間が犬、豚、羊、牛などと共に牲にされた。伐《ばつ》は斬首、卯《ぼう》は二つ裂き、咼《か》は骨があらわれるまで肉を剔《えぐ》ること、尞《りょう》は焚殺のことであるが、殷墟から出土する亀版に刻まれた甲骨文字による卜辞を解読すると、

丙子、貞《ト》ウ。丁丑、父丁《テイ》ニ又《ユウ》スルニ三十羌《キョウ》ヲ伐《コロ》シ、三羊《サンヨウ》ヲ歳《マツリ》センカ。

とか、

庚戌、卜《ボク》シテ牽貞《ケント》ウ。西ニ尞《ヒマツリ》スルニ一犬、南一ヲ咼《コロ》シ、四豕《シシ》、四羊、南二ヲ尞《ヤ》キ、十牛、南一ヲ卯《コロ》サンカ。

などとある。羌は西戎の羌族、南は南蠻の苗《びょう》族ということであるが、殷墟の陵墓や宗廟址で発見される夥しい斬首葬の遺骸は、牲にされたこれらの奴隷たちに違いあるまい。兎に角、三千年前の殷の人たちは、想像を絶することを、よくもまあ本気でしたものだと驚く次第である。しかし、同時に、これだけのことから、彼らの文化、文明の程度を低く見過ぎることは危険である。彼らは既に、農耕、養蚕、紡織、醸造、冶金、製陶、土木、記録、測量——と数多くの現代にも通用する技術を身につけていた上、天測によって一年を三百六十五・二五日と計算していたのである。日本ではつい江戸時代まで大きな土木工事には人身御供の弊風のあったことも忘れてはならない。

箕子は人々が祭に向かって生き生きと走り始めたのを見て、自分もぼやぼやしてはいられないと思った。殊に今度の祭は新帝即位の大祭である。先祖を祀る五祀周祭《ごきしゅうさい》は宮廷内部の月並みな行事に過ぎないが、明らかにそんなものとは違う確かな手応えを街の人々から箕子は感じた。今度こそ殷はいい時代を迎えることが出来るであろう。いや、きっとそうなるに違いあるまい。必ずそうあってもらいたいと、新しく天子になる辛に寄せられた人々の期待には、それこそ並々ならぬものが伺われたのである。

朝歌《ちょうか》の街は清新の気に満ち溢れて見えた。そこには、しかし、同時に今までの殷がさほどよくなかったという認識を裏がえしにしたもののこめられていることも見逃すわけにはいくまい。

朝歌は殷が滅んだ後、殷の廃墟というところから殷墟と呼ばれるようになったが、現在の中国で言えば河南省安陽県小屯村である。

湯《とう》帝が亳《はく》に殷朝をひらいて以来、隞《ごう》、相《しょう》、邢《こう》、庇《ひ》、奄《えん》と殷は遷都を屢々《しばしば》繰り返し、最後にこの殷の地に都を遷したのは二十代盤庚《ばんこう》帝というのが通説である。

この通説は董作賓《とうさくひん》という甲骨文の泰斗が発表したもので、盤庚帝の即位は紀元前一三九八年、遷都は即位十五年の同一三八四年と驚くほど精密である。この通説を司馬遷の『史記』に重ねて解釈すると、盤庚帝は、また遷都かといやがる役人や人々を励まし諭して、殷が湯帝の時代の隆盛をとり戻すには、このくらいの難儀は覚悟せねばならぬと遷都を断行し、説得通り政道を復興して殷の中興の祖と仰がれたことになる。そうだとすれば、この時、朝歌の街はさぞ殷賑をきわめたに違いない。盤庚帝の後、最後の辛帝まで八世十二帝の中には、武丁《ぶてい》帝、祖甲《そこう》帝のような賢君も出たのであるから、都はその度に栄えて、祖甲帝の晩年以降、遂に滅びるまで百何十年かの衰亡期を経たという計算になる。

しかし、『史記』によれば、殷道を昔に立ち直らせるために盤庚帝が遷都を強行したのは、昔、湯帝が都していたという黄河の南の亳《はく》にであって、黄河の北の朝歌に都したのは二十七代武乙《ぶいつ》帝であるという。これから解釈すると、朝歌の街は、武乙帝以降、最後の辛帝に至る四代百余年に亘って一度も繁栄を見なかった可哀想な都だということになる。

いずれにしろ、この百年間は、朝歌の街が殷の都にふさわしい賑わいを見せなかった時期であって、人々の沈滞ムードは誰の目にもはっきりしていた。

「この百年の間、どこどこの国が朝貢しに来たのだろう」

と古老は嘆く。

朝貢は数える程しかなかった。朝貢は既に昔語りに近い殷の人々の誇りであった。だから仕方なくこちらから出向いて行かねばならない。武力で朝貢を強要するわけである。しかし、言いかえればこれは戦争であるから、時にこちらも応分の犠牲を払わねばならない。それを嫌って暫く戦争を控えていると、遠い国の人々は直ぐに殷にそむいた。

「この百年の間、どんなに祭らしい祭があっただろう」

という声も聞かれた。

そう言えば確かにそんなものもなかった。祭はすべて宮廷の中で行われ、それは殆ど人々には関係のない貴族の宴会であった。

祖先の祟りを畏れて、祖先を祀るのは司祭者の勝手である。人々はそれよりも、もっと直接自分たちに関係のある、例えば自然を祀ってもらいたいと考えた。山であれ、河であれ、天そのものであれ、年々の稔りや雨にかかわる祭であれば、祭に供える牲や酒のおさがりを関係者がいくら飲み食いしても、それは日本の神道でいう直会《なおらえ》で、単なる宴会ではないといっていい。しかし、歯が痛いとか、鹿狩りで思い通りの収穫がなかったとかで、自分や自分たちの祖先の霊魂を祀る祭をしては、そのお供えをうちうちで飲み食いしているのであれば、それは人々には何の関係もないただの宴会である。しかも、その祭に、誰かの気紛れから「三羌ヲ伐《コロ》サンカ」とか「一南ヲ癸《ヒマツリ》センカ」とか占われたのではたまったものではない。

辛帝の三代前に当たる武乙帝にはこんな話もある。

「天子というものは天の命を受けてその位につくものだから、天そのものも祀らねばならぬのではありますまいか。天は雨を降らせる力、旱《ひでり》を起こす力、その結果として年の豊凶を左右する力、戦に天佑を与えるか否か、都を襄《うつ》すかどうか、など大へんな力がある最高の神と申しますから」

周囲がうるさく進言すると、

「天といえども、一旦、わしを天子にした以上、死ぬまでわしが天子だ。わしの方が先に天を殺してくれよう」

こう言うと、中に羊の血を満たした革袋に天という字を書いて武乙はそれを天井の梁から吊り下げたのである。

矢をつがえ、力一杯射抜いた。

袋の中の血が飛んで家臣の顔にかかったのを見ると、武乙は笑いながらこう言った。

「見たか。天は血を噴いて死んだぞ」

殷の祭祀を預かる最高責任者がこういう事であったから、殷の人々が、この百年の間、祭らしい祭を見たことがないというのも尤もなことであった。武乙の子の太丁帝《たいていてい》、太丁の子の乙帝と、時代が下れば下るほど殷道は地に堕ち、進んで朝貢する国のないのも無理のない話であった。

はじめのうちは、出来ればその役目から逃げ出したいとさえ考えていた箕子が、やがて式の準備に積極的に奔走し始め、今では更に都の人々に、本当の祭を見せてやりたいとさえ思い始めるに至った背景はあらまし以上である。

「この度の祭に人身の牲はない」

と箕子が発表すると、新帝の人気は殆ど爆発的にたかまったものである。噂は忽ち走り、遥る遥る西の羌につながる周の国からも、南の苗《びょう》につながる荊《けい》の国からも、慶賀の使者が祭に参加することを通知して来た。

祭の牲は卜占で貞う事柄なのに、この奇蹟のような答えが得られた秘密は至極簡単で、箕子は占うのに、人身の牲に関しては最初から除外して貞《と》うたのである。


やがてその日が来た。

式は箕子が思った通りの運び方で盛大に、しかも万事滞りなく進んでいった。

参加したのは都の文武百官、遠い地方から馳せ参じた王侯貴族、宗廟の境内は立錐の余地もないほどの賑わいを見せ、一般の人々は式典を垣間見ることさえ不可能であった。

人々はただ、式場に当てられた祖廟に向かう貴族の乗った輿や車や先導する卒たちの旗の整然とした行列を見た。どの行列もどの行列も見事であった。あまり沢山通って行くので、肝心の辛帝の輿を見落とした者さえいたほどである。昔、賢君の都には、毎年このようにして朝貢の使者が通ったことであろう。一つの行列が通り過ぎると次の行列が来るのを待っている間、人々は小石ひとつ落ちていない街の通りを自分たちの勤労奉仕の結果として満足気に眺めたりした。

行列は祖廟に着くと、主だった人々だけが式場に入ることを許されたので、その他大勢の供たちは祖廟のある台地の周りに適当にたむろして式の終るのを待つ。従って人々はそれを更に遠巻きにする形でしか見物することが出来ない。そこからは、一際高く聳えたつ廟堂の千木と、それをとりまく夥しい数の幡が勢いよく翻っているのが見られた。折々風に流されて運ばれて来る荘重な祭の音楽が聞こえた。

人々はそれでも十分に満足していた。皆、これこそが本当の祭であろうと思った。その目で見ることの出来なかった祭こそが、かえって人々の心の中で自由に想像の翼をひろげて、朝歌の街に初めて祭らしい祭が帰って来たと人々は素朴に喜び合った。

こうして辛は帝位に陞《のぼ》ったのである。

箕子は大役を果たし終って、大方の人々が散ってしまってからも長い間その場を立ち去らなかった。

今し方、比干が箕子の肩を叩いて、

「よかったぞ」

労いの言葉をかけて立ち去ったばかりだ。

この後、祭の参加者は一旦、引揚げ、今度は辛の宮殿に集まって直会の予定であるが、それまでにはまだ十分の暇があったし、直会の実行責任者は微子に決まっていた。その頃になって、盛んな式典の行われた祖廟を一目でも見ようと憚るような素振りで境内に足を入れる者も幾人かいた。しかし、今、箕子の近くには誰一人いない。箕子はゆっくりと佇んで、今日の大役を果たし終えた感懐を人知れず噛みしめていた。

風が吹いて来た。

風は祭の後の長く尾を曳く興奮を醒ますために吹いたのであろうか。この時、箕子は自分の鬚髯を嬲《なぶ》るように吹いたその風を心地よいとさえ思った。眼を細めて境内の一角をじっと見ていた。

風が又、吹いて来た。

箕子はふと、その風が頬を掠めていく時、肌にざらつく塵っぽいものを含んでいることに気がついた。風は次第に吹き募って来る気配であった。

箕子が帰ろうとして二、三歩足をふみ出した時、更に強い風が吹いて来て箕子は思わず立ち止まった。その一陣の生温かい西風は忽ち祖廟の境内いっぱいに拡がり、まだ取り片付けのすんでない幡が一斉に激しくはためき立ったのである。

箕子はぐるりを見廻した。するとあたりは見る見る暗くなっていき、祭の飾りをまだ片付けている人たちの小走りに走っていくのが見えたが、視界は急激に縮小されていくようであった。

空には青空がなくなっていた。流れる雲も見えなかった。一面、微細な黄土の粒子が浮遊していて、世界は半透明の紗を引いた舞台を見ているようであった。万丈の黄塵が太陽を掩って、まだその位置は高いのに太陽は小さな夕陽のように見えたのである。

地平に落ちる太陽は赤くても構わないが、天にある限り太陽は白く輝いていなければならない。

だから、殷を象徴する色は白なのである。天子の衣も白。天子の旗も白。それなのに即位の式を終えたばかりの箕子が今、見たものは、中天に翳って赤く小さい酸漿《ほおずき》のような太陽だったのである。

箕子は不吉な予感に襲われて、切り捨ててしまった筈のあのことを又ここで思い浮かべざるを得なかった。

天は、本当に、あの辛を選んだのであろうか。

三

辛帝がこの後どのような天子になったかは『史記』に詳しく書かれている。

辛は驕慢であった。ことあるごとに己れの能力を周囲に誇示しようとした。たとえ家臣が正しいことを進言しても、辛は自分の意に反することであれば絶対にとりあげなかった。逆に黒を白に言いくるめる形で自分の正しくないことも正当化してしまうのである。品行について言えば、酒が好き、女が好きで、殊《こと》に妲己《だっき》という女を寵愛するに及んでからは、その一顰一笑のためには政事が大事か色事が大事かの区別さえつかなくなってしまうのであった。

祭祀の音楽を担当する者に師涓《しけん》という楽官がいた。辛は師涓に命じて妲己の喜ぶ官能的な音曲ばかりを作らせた。曰く「北里《ほくり》の舞」「靡靡《びび》の楽」、そうして祭祀のことなどはうちやってしまった。

人々には重税を課して鹿台《ろくだい》と呼ぶ自分の宮殿に財宝を山のように積み上げ、鉅橋《きょきょう》という倉庫に粟米を溢れるほど集めさせた。妲己が犬を欲しいと言えば犬を、馬が欲しいと言えば馬を、その他何でも欲しがる物はすべて与えて珍品奇物が宮室を一杯にした。沙丘離宮の庭園や高楼の拡張工事を完成して数知れぬ鳥や獣をその中に放し、只管《ひたすら》妲己を抱いてわいわい遊ぶのである。酒池肉林というのはこの沙丘での莫迦騒ぎから来た故事成語だが、その中を男も女も裸になって鬼ごっこをしたりして遊び戯れ、いつ果てるともない長夜の宴が幾日も続いたという。

この辛の暴君ぶりについて『史記』の記述はこの先まだ延々と続くのであるが、これについて異をはさむ史家も少なくない。

例えば「重税を課して鹿台と呼ぶ自分の宮殿に財宝を山のように積み上げ」と私は前に書いたが、『史記』ではここは「賦税ヲ厚クシ、以ツテ鹿台ニ銭《セン》ヲ實《ミ》タス」とある。銭とは貨幣のことである。司馬遷がこれを書いた漢代には銭が流通していたが、殷が貨幣経済であったわけはない。従って嘘だというのであるが、銭はお宝でもある。私はこれを財宝と解し、あり得ることとした。宝の旧字は寶で、玉と貝を含んでいる。殷の西方の山地からは玉が出た。東方の海岸では貝がとれた。彼らは翡翠や子安貝を喜んだ。それらは宝であり、財産でもあったのだろう。

又、例えば「祭祀のことなどはうちやってしまった」という部分、ここは「鬼神ヲ慢《アナド》ル」である。死んだ先祖の霊を大事にしなかったという意味である。しかるに、殷墟から発掘された辛の時期の卜辞《ぼくじ》からは、それまでの帝よりも、ずっと熱心に先祖の祭祀が行われていたことがわかるというのである。しかし、私は敢て辛は祭祀をうちやりにしたと解しても卜辞の語るところと矛盾しないと考える。卜辞が語っているのは、たびたび祭祀が行われたという事実だけである。その祭祀が辛自身によって行われたか、辛が鬼神を慢って行わないので、心をいためた周囲が辛の代わりに必要以上にたびたび行ったか、そんな事まで語ってくれはしない。

妲己、妲己というが、そんな女の名前など卜辞には見つからないともいう。だが、何故それが見つからなければいけないのであろうか。辛が自分で亀卜を占ったのであれば、溺れるほどに愛した妃の名が刻まれていてもおかしくはない。しかし、周囲の者が、辛が殷帝であればこそ、彼のために、彼の代わりに卜した祀りだとしたならば、そんな諸悪の根源のような異民族の女の名を刻む必要がどこにあろうか。

そして、辛のための祭祀が連日行われれば、祭の後の直会も連日行われるのは当然である。辛は祭祀に欠席して直会だけには参加したと解すればよい。連夜の宴は現実に催されたのに違いない。

というわけで、辛がそれほどの暴君ではなかったのではないかという人の説に対して、私は聊《いささ》か強引に司馬遷の側に立つ反駁をしたが、その人たちの言うことを全部、認めないという立場に立とうとしているのではない。

例えば、辛が、妊婦の腹を割いて中を覗こうとした話。川も渡れぬ程に衰弱した老人の脛を斬ってその骨の髄を観察した話。人質にした周公の子を煮殺してそのスープを周公に飲ませた話。いろいろ書いている「烈女伝」や「水経注」や「帝王世紀」を含めて、すべて後代の記録は、殷にとってかわった周の立場から書かれているとの指摘にまで反対する積りは少しもない。それはその通りだと考える。周は正義として伝えられ、逆に殷は悪逆非道として伝えられ、それは正に『日本書紀』の中に天武天皇の悪口が書かれていないのと同じだという理屈もよくわかる。ただ、それをわかった上で私がいいたいのは、だからと言って、血腥かった歴代殷の非道の数々を最後の辛帝一身にかぶせたとでもいうような、恰《あたか》もそれが濡れ衣ででもあるかのような解釈にはついていけないということである。

辛の時代には、祭祀の時に人間を牲にすることが激減していることが卜辞からわかったからと言って、それで突然、辛が慈悲深い天子になり、『史記』に書かれたような非道がなかったという証明にはならないだろう。

日本にも古来、暴君として語られる武烈天皇の例があるが、その記述は桀紂《けっちゅう》の非道にならったかの感がかくせない。謂うなれば桀紂の悪虐は東洋の暴君の模範である。江戸時代の越前の少将忠直卿の無道などはたかだか六十七万石級の大名のセンチメンタルなご乱行に過ぎない。

兎に角、スケールが違うのである。

この辛の堕落を見て、密かに心を痛めたのは箕子ばかりではなかった。

「紂はどうなっているんでしょう」

と微子が箕子に訴えた。

「受《じゅ》？　紂《ちゅう》？」

「そうです。紂です」

箕子はこの頃、殷の人々が辛のことを陰では紂と呼んでいることを知っていた。辛の字《あざな》の受は「受ける、継ぐ、聴き容れる」の意味である。紂は「無道」の意味である。受と紂は似た音であっても、意味はことほど左様に異なるのであった。

箕子が訝《いぶか》ったのは、辛が紂と呼ばれるようになった経緯にうとかったからではなく、微子までがそう呼ぶことの真意を計り兼ねたからであった。微子にとって辛は腹違いとは言うものの血を分けた実の弟ではなかったか。それにもまして辛は歴として天命をうけた殷の天子ではなかったか。

「そういう言い方はつつしんだ方がいい」

箕子は微子から目をそらせてそうたしなめた。

「しかし、比干《ひかん》もそう呼んでいます。私はそういう呼び方を比干から教えられたのです」

重ねてそう説明されると箕子も暫く口を噤むほか仕方がなかった。弟も甥のことをそのように呼んでいようとは——。

「比干が言っていました。紂の乱行は、とっくに巫師《みこし》の言い当てたことだ。この先どうなるか知りたければ、巫師に直接、訊いてみることだ、と」

「…………」

「紂はどうなっているんでしょう。そして、この先どうなっていくんでしょう」

箕子はもうこれ以上黙っているわけにも目をそらしているわけにもいかなくなって、微子に向ってきちんと坐り直した。大きく息を吸い込んだ。

巫師をつとめた箕子の予言というのは、きっとあのことを指しているのであろう。辛が有蘇《ゆうそ》氏から貢がれた妲己を愛し始めた頃、辛は妲己と一対にした象牙の箸を作らせたことがあった。現在の私たちにとって一対の象牙の箸がどれほどのものであるかは別にして、三千年以上も昔の華北平野の真ん中でそろいの夫婦箸を象牙で作らせたという辛の豪奢な日常には想像を絶するものがある。

これを見て箕子は比干に言った。

「何という贅沢なことだ。この先が思いやられる。象牙の箸の次は犀の頭でもかたどった玉石の杯か。それも出来れば更に精巧な青銅の鼎か。人の欲望には際限がないものだ。鑾《らん》輿《よ》の鈴を磨き、宮室の燭を飾る。この放埒三昧は救いようがない」

箕子は比干に将来を予言したのではなかった。ただただ殷の将来を嘆いたのである。だから辛にも直接、諫言を呈した。勿論、そんな諫言を聴き容れる辛ではなかったけれども……。

あの時、予言した積もりでもなかった箕子が、今、どうして微子にこの先のことを訊かれても予言することが出来よう。箕子に出来るのはただ深く心から嘆くばかりであった。

「微子よ。わかってもらいたい。私たちに今できるのは、もう知らぬ、そう言って何もかも投げ出してしまうことではあるまい。投げ出すのはいつでもやれる。今やれること、今やらねばならないことは、辛を諫めること、兎に角、手をかえ品をかえ、入れかわり立ちかわりして辛を諫め続けることではないか」

微子は失望して溜息まじりに、もう朝廷に顔を出す気もなくなったと洩らすのだったが、箕子に励まされて、最後には、

「分かりました。もしも諫めて受けられるのであったら、たとえ身命を賭しても惜しいとは思いません。もう一度、私も諫めてみましょう」

そう言って微子は引き退っていった。

立ち去っていく微子の後姿を見送りながら、箕子はこの甥の心が哀れでならなかった。どうせこの世に王子として生まれるのであったら、何故、正后の子に生まれて来なかったのであろう。正后の子として生まれてさえいれば、太史の反対にあうこともなくきっと帝位を嗣ぐことも出来ただろうに。そうすれば勿論、心優しく仁篤い殷帝として人々からは仰がれ慕われているのに違いないものを、とんでもない弟が位についたばっかりにその

気苦労はどんなであろう。いっそ血を分けた王族でなければ、野に下りて自分ひとりの身をつつしんでいればいいのだ。比干もそうだ。自分もそうだ。考えてみれば、今、殷の王族で哀れでないものが一人でもいるだろうかと、朝廷に顔を出す気もしないと言った時の微子の心が、同じ血を分けた殷の王族の一人として、痛いほど理解できる箕子なのであった。

今、辛のとりまきには告げ口屋の崇侯《しゅう》、ごますり専門の費中《ひちゅう》、悪口言いの悪来《あくらい》ら、碌でなしばかりが揃っていた。中には商容《しょうよう》や祖伊《そい》のような賢明で人望厚い者もいたのであるが、辛はこの種の人たちを何故か嫌って悉く遠ざけ、ほんの一握りの悪党と信念のない小役人輩の組織の上にいつの間にか辛の専横な体制はどっしりと大胡坐をかいてしまっていたのだ。

人々は無道な辛を、いや、この際は呼び方を改めて紂と書くことにしよう。人々は紂こそを怨嗟の的としながらも、しかし、それでも明からさまに叛旗を飜す者はいなくなってしまった。背く者があれば、たとえそれが諸侯に列するほど高い身分の者であっても炮烙《ほうらく》の刑に処せられたからである。

炮烙の刑――それは紂自らが発案した火焙りの刑で、油を塗った銅の柱を横に渡し、その上を人に歩かせる。下では火を焚いているのであるから、人は辷《すべ》り落ちて焼け死ぬか、たまらずに跳び下りて焼け死ぬか。熱くなった銅の柱を抱いたまま焦げ死ぬか、いずれにせよ、それは人を焼き殺すための残酷な刑罰だったのである。

紂は気に入らぬ者を殺して、その屍を塩漬けにしたこともある。九侯《きゅう》に美しい娘がいることを聞いて後宮に召し出させたが、娘が言うことを聞かないのに腹を立て、娘を殺し、こんなことになったのも元はと言えば親の躾が悪いのだとついでに九侯まで醢《しおづけ》にしてしまった。余りに理不尽なこの仕打ちを鄂《がく》侯が諫めると、紂は今度は鄂侯を生意気だと怒って脯《ほしにく》にしてしまった。例の周公の子のスープ事件などもあるので、殷には食人の風習があったのではないかという史家さえいるくらいである。

事既にここに至る。もはや紂に諫言を呈することは即ち死そのものを意味すると理解しなければならなくなった。

こうした中で、たった一つの例外をつくったのが周公の昌《しょう》であった。昌は九侯や鄂侯のことを聞くとひそかに嘆息したという。これを知った告げ口屋の崇侯が早速、紂に讒言し、間もなく昌は羑里《ゆうり》の獄に繋がれる身となった。しかし、持つべきものは部下である。昌の忠臣閎夭《こうよう》らはこれぞ周公の一大事とばかり莫大な賄賂を紂に贈ることにした。

ごますり専門の費中を通じて差し出されたその時の賄賂は、莘《しん》国の美女、驪戎《りじゅう》国の文馬《ぶんば》、有熊《ゆうゆう》地方の駿馬、その他目もあやな珍品奇物と例の『史記』には記録されている。

流石の紂もそれらの贈り物の前に妲己が顔をほころばせるのを見て昌を赦した。そこで昌は更に洛水の西の土地を献じて、件の悪名高い炮烙の刑の凍結を願い出た。気をよくした紂はこの願いも容れて昌に弓矢斧鉞などの物の具を下賜し、西戎討伐の兵を起こす権限を持たせて西伯昌の称を許したのであった。

考えるまでもなく、これは大へんな情況の変化を齎すことになった。紂の人望はますます傾き、その分、昌に帰服する諸侯が目に見えてその数を増したのである。

このことに気付いた祖伊が折りを見て鹿台に伺候すると、紂は機嫌よく酒を飲んでいるところであった。

祖伊は慎重に言葉を選んで事の次第を報告し、

「これは私が申し上げることではないかも知れませんが、世間には、天はもうわが殷に降し給うた天命を終らせようとしているのではないかと言う者もいます」

と忠告した。

紂は杯を差し出しながら、

「祖伊よ。まあ、飲め。箕子や比干や微子のように、そう天命、天命とうるさく言うな。わしが今、こうやっているのも天命だということを忘れては困るぞ。天命を受けてない周公如きに何が出来る」

そう言って嘯《うそぶ》き返した。

「どうだ。それより、この杯、見事であろうが。これも周公が命乞いのためにわしに寄こした贈り物の一つだ」

紂は目を細めて拳大の翡翠の大杯を祖伊の鼻先に突き出して見せた。


何という恥知らずの論理であろう。

そして又何という驕慢な言葉であろう。

「箕子よ。俺はもう厭になった。どこか遠くへ行ってしまいたい」

或る日、箕子が比干を尋ねていくと、比干はそう言って胡坐を組んだまま頭をかかえて後にのけぞり倒れた。

「遠くへ？」

「ああ、遠くへだ」

箕子はこの時もまた、暫くは口を噤むより仕方がなかった。

比干は屋根裏の一点を睨みつけながら吐き捨てるように続けた。

「俺は、紂が憎い。こうして俺が祭のための明水をいつも絶やさぬように作っているのは何のためだと思う。紂の代役が司祭する祭のためではない。代役が使う明水は誰かが作ればいいんだ。だが俺は、いつかあの辛の心が変って、殷の祭をしてみる気持になった時、いつでもそれがさっと差し出せればと思い、ただそれだけのために明水を絶やしたくないんだ」

比干の部屋には爐が切ってあり、その上に漆黒の卵殻土器でつくられた三本脚の鬲《れき》がしきりに湯気を立てていた。その湯気が傍に懸けられた青銅の鏡の面をゆっくりと流れていくのを箕子はただ悲しい気持で見るだけであった。

「微子は哀れな奴だ。いつもおろおろと弟に気を使いながら、かくれて祭をしている。殷のための祭を。紂のかわりに」

一瞬、比干は箕子に視線を投げて、

「わかるか。箕子よ。俺の言うことが」

「…………」

「俺はお前が羨ましい。お前はいつでも毅然として己れを恃《じ》している。適当に紂を諫め、諫めて容れられずとも決して紂を怨んでいない。そうだろう。当っているだろう。どうしてお前はそんなに落ちついていられるのだ。俺はこんなに紂を憎まずにはいられないのに……」

しかし、箕子がなお黙っていると、

「箕子よ。お前は紂が憎くないのか」

と、比干は寝たままの姿勢で箕子に顔を向けて尋ねた
箕子はもうこれ以上黙っているわけにはいかなくなった。

「憎んではならないと思っている」

感情を壓《お》し殺してそう答えると、比干は逆に畳みかけるように言った。

「何故だ。お前が紂の即位を宣言したからなのか」

「違う」

「では何故だ」

「辛がこの殷の天子だからだ。天命を受けた天子だからだ」

箕子は答えながら、その辛がこういう有様ならば、殷も長くはもつまいと思った。そして、殷が滅ぶのなら、多分、自分も一緒に滅ぶことになるだろう。それ以外考えられる可能性はもうないような気がした。

「そうか」

「…………」

そして対話はそれでとだえた。

この時、比干の口からこぼれた「そうか」という言葉は、箕子の答えを答えとして確認しただけのことで、決して比干がその答えを納得したというわけのものではなかった。箕子にはそれがよくわかっていた。しかし、それぎり箕子は口を噤んだ。

比干よ。わかってくれよ。寂しいが、これが現実なのだ。俺という人間は、この現実を耐えるしか生きようがないのだ。

箕子は比干から視線をゆっくりはずすと、自分の中に、この前、微子と話した時のように燃え上がるものがもう何もなくなっていることに更めて気付いた。不意に身ぶるいするほどの寒さを感じて、出来れば爐端の火にもっと体を寄せたいと思った。

蔀戸《しとみど》の外は、いつの間にか小糠のような雨が烟りはじめていた。鬲《れき》を据えた爐で榾木《ほだぎ》の皮が弾けた。二人は口を結んだまま、鬲の湯の滾《たぎ》る音が低く鳴り続けるのを聞いていた。
湯気が青銅の鏡の表面をしっとりと濡らして、結露した雫がその縁から壺に滴ってい
る――。
箕子にはそれが鏡のこぼしている涙のように思えた。

四

それからまだ幾ばくも経っていないのに、微子《びし》が郎党を引き纏めてひっそりと朝歌の街を出て行ったということを箕子は人伝に耳にした。

微子は朝廷を辞して国元に帰ることを少師の一人に相談したという。

「君臣は義を以ってつらなるもの。三度諫めて聴かれなければ、義として去るも可なり」

その時、少師は微子にそう言って引きとめることをしなかった。

微子は辛には勿論、弟の衍にも、叔父の比干にも、誰にも暇乞いをせずに妻子と従僕を従えて微国へ引き揚げてしまったのだ。身の廻りの物だけをあわただしく取り纏め、荷駄も斑の驢馬が二頭だけであったとか。

更めて暇乞いなどすれば、引きとめられると思ったのであろうか。

水臭い。何で自分にも一言……とも思う箕子であったが、そこまで思いつめた微子の心を汲みとれば、やはり哀れが催され瞼が熱くなるのをどうすることも出来なかった。

しかし、考えれば考えるほど一点だけどうしても理解出来ないところがあって、箕子にはそれが口惜しくてならない。

それはあの時、

「もしも諫めて受けられるのであったら、身命を賭しても惜しいとは思いません」

そう言ったのは確かに微子で、

「俺はもう厭になった。どこか遠くへ行ってしまいたい」

そう言ったのは他ならぬ比干であった。

それが何故、微子の方から先に遠くへ行ってしまったのであろうか。

微子よ、と箕子は心の中で目の前にいる人に語りかけでもするように口説くのであった。

微子よ、お前は自分の身命を賭してもと、辛に反省を願ったのだろうが、それは一体、誰のためを思ってのことだったのだ。所詮は自分と自分の一族の安泰のためでしかなかったというのか。そうでないのであれば、何故、滅亡がもう目の前に見えているこの国を捨てて一族と一緒に去ってしまったのだ。確かに今、殷の朝廷は乱れに乱れ、人の師表たるべき卿、大夫さえ法を犯して恬として恥じない。洪範九疇《こうはんきゅうちゅう》は地に堕ち、湯帝が拓いた美しい殷道はどこを探してもこの国にはもうない。それというのも全ては辛が悪いからだろう。だが、それならば微子よ。お前は何故、殷のために、殷道のために、辛の反省を願わなかったのだ。殷のためにそう願ったのであったら、どんなことがあろうと殷を棄てることが出来ただろうか。諫めて聴き容れられなければ、滅ぶ殷と共に殉じることをどうしてお前は考えてくれなかったのだ。

諫めて聴き容れられなければ国を去る。これはおかしいのではないのか。微子よ。それではまるで殷の天子は、その程度のものに過ぎないことを行く先々で吹聴するようなものではないか。殷の恥を天下に曝すようなものではないか。一方、自分はこうまでして尽くして来たのだと人に仕える者の責任を回避する弁解にもなるのではないのか。到底自分には出来ないことだ。

箕子は自宅に蟄居して、微子が都を落ちていったことの是非を今日も考えている。

すると、都落ちを勧めた少師の言葉にも問題があった。

「三度諫めて聴かれなければ、義として去るも可なり」

微子はこの義としてを脱落させて解釈したのかも知れない。義として去るも可なり、とは義の繫りしか君臣の間にはないことを前提にした時にだけ言えるのであって、更に言えば、義としては去るも可であるが、別の何かとしては去る可からずと言っているのではないか。第一、微子が去れば辛がどうなるか。どうなるわけでもない。そして、去れば二人の間に義の繫りはなくなるだろうが、去ってもなお残る何かがありはしないのか。箕子にはそれが問題のように思えたのである。

　実際、箕子ですら既に辛には絶望していた。人々の言うように殷に降っていた天命が終る日はもう迫っている。それは恐らく間違いのないことであろう。しかし、だからといって、箕子にはその殷を捨てて箕国に逃げることが許されるとは思えない。箕子は眼をつむった。そうして静かに頭を振った。やっぱりそれは許されないことだと、もう一度深く自分に確認したのであった。

　箕子は今、何をすべきか。

　それこそが一番の問題なのである。今まで生きてきた箕子の全部が正にその一点にかかっているといってもよい。そのぎりぎりのところにあるものをなさねばならぬ。それこそが殷に殉じることさえ恐れない箕子の節操を明白に証明してくれるに違いない。

　箕子は壁に背をもたれて、腕組みのまま小半時余りも考えていた。だが、結局は徒労に終るしかない思考の連続の何と息苦しいことであろうか。

日は既に裏の竹藪の向うに落ちて、騒がしかった群雀の囀りもはたと止んだ。西の空が僅かに黄昏の残光を覗かせて、今、宵の帷りは静かに降りようとしている。

この時、箕子の心にふと浮かんで来た言葉があった。

「父に過ちあれば、子はこれを諫むべし。三度これを諫めて聴き容れらるることなくんば、父に従いて号泣するのみ。父子は骨肉の繋りあればなり」

それはいつか楽官の少師彊《きょう》に聞いた言葉であったが、すると、微子が発つ前に相談した少師というのも彊であったのか。

箕子にはこの時ほどこの言葉が悲しく心に迫って来たことはなかった。

「三度これを諫めて聴き容れらるることなくんば、父に従いて号泣するのみ。父子は骨肉の繋りあればなり」

箕子はその言葉を自分で声を出して呟いてみた。

「父に従いて、号泣するのみ。骨肉の繋りあればなり……」

呟きながら箕子は、同時に、あの微子が都落ちの前に聞いたという言葉も胸に反芻してみる。

「三度諫めて聴かれなければ、義として去るも可なり……」

　暫くの間、二つの言葉は箕子の耳元で幻聴のように聞こえていたが、気がつくといつの間にかそれが一つの言葉になろうとしている。そう、問題は骨肉なのだ。箕子には今、何かが少しわかりかけてきたようであった。

　やはり去るべきではないのだ。辛と箕子の間でたとえ君臣としての義の繋りを除き去ることが出来たとしても、なお残る骨肉の繋りを否定することは箕子には出来なかった。人望篤い商容ならどうだろう。賢明な祖伊ならどうだろう。商容や祖伊ならそれが出来るだろうし、又出来てもいいと箕子は思った。しかし、微子はしてはならないのだ。義として去るも可なのは商容や祖伊や、微子にそう教えた疆自身である。微子も、衍も、比干も、箕子も、辛に骨肉の繋りがある王族は誰一人、今、この殷を去ることは不可なのである。そうしてただ、号泣するだけなのである。

　何を哭くのか。何に哭くのか。骨肉とは哭くことであるのか。

　いつの間にか箕子のまわりは宵闇が包んでいた。最初は、どこかで誰かが泣いているようであった。忍び寄る闇の深さと優しさが、一層その泣き声を大きくさせた。箕子であった。箕子は闇の中で大声をあげて哭いている自分の声をいつまでも聞いていた。

髪を掻き毟り、袴を踏み破り、袖袍を噛み裂いて毎日哭き続ける箕子を見て、箕子は遂に狂人になったと人々は噂し合った。

ところが、この噂を聞いた比干はそれをそのまま信じ込んでしまった。箕子ならあり得ることだと比干は思った。箕子も人間ならば、あのように毅然として生き続けることにいつまでも耐えられるわけがあるまい。

「糞！何ということだ」

限度いっぱいのところまで耐えていた一人は遂に堪え切れなくなった時、国を出て行ってしまった。もう一人は痛ましくも狂ってしまった。比干は自分ひとりが取り残されたのだと思い込み、衝きあげて来る紂への怒りをどうしようもなかった。

比干は鹿台への道を大股に歩いて行った。

「君に過ちがある時、死を賭しても諫止するのは臣の責任である。そうでなくて何で群臣の範たることが出来よう」

比干は紂の前に身を投げ出して、紂の非を数えあげ猛省を促した。しかし、それはもはや諫言というよりも弾劾という方が相応しく、紂の取り巻きはすっかり色を失ってしまって、その場をとりつくろう言葉さえ誰も言い出せなかった。それほど比干の言葉には人を刺す勢いがこめられていた。

紂は逆上した。

「身内と思えばこそ、今日までは聞いても聞かぬ素振りを装うていたのに、今日こそは確かに聞いた。この耳で聞いたぞ。お前は聖人か。立派な言葉ばかり並べて。もう一度言って見ろ。群臣の範だと。聖人の心の臓には七つの穴があるということだが、嘘か真か見届けてくれよう」

と、その場で比干は斬られ、まだ鼓動しているままの心臓が抉り出されたのであった。

比干の最期を聞いた箕子は、思わず立ち上がって、

「何！」

と叫んだ。

しかし、微子の都落ちを聞いた時のようにそれが暫くの間信じられないといった反応は些かもなく、箕子は立ち上がりながら、叫びながら、事の重大さを正確に認識し、何故そんなことになったかということについても、それが自分の今の毎日にかかわっていることを直感したのであった。

箕子は蒼ざめた顔で暫くは立ちつくしていたが、やがて一張の琴を持ち出して来て爪弾きながら歌を歌った。

嗟嗟《アアアア》、紂、無道ヲ為《ナ》シ比干ヲ殺ス
嗟、重ネテマタ嗟、独リ奈何《イカン》セン

箕子の眼から水晶のような大粒の涙がこぼれ、涙は頬を伝って鬚髯を濡らした。暫くして再び琴の爪弾きが始まった。

身ニ漆《シツ》シテ厲《レイ》ト為リ
被髪以ツテ佯狂《ヨウキヨウ》セン
今、宗廟ヲ奈何セン
天ナル乎《カ》、天ナル乎
石ヲ負ウテ自ラ河ニ投ゼント欲ス
嗟、マタ嗟、殷ノ社稷ヲ奈何セン

箕子はこの時にあっても猶、頑なに殷のことばかりを気遣っていたのであった。

数日の後——。洪水の度に氾濫する黄河の畔は一面に葦原が続いていた。

ここから朝歌の街は遠過ぎて見ることが出来ない。その見ることの出来ない街の方から低い雨雲が次々にかなりの速さで走って来る。今にも時雨れて来そうな夕暮れの中を箕子は蹌踉とした足どりで河辺に向っていた。

背中から吹いて来る風に軀を押させ、袖袍の袂がはらむ風に引かれるようにして、一歩、一歩、足を投げ出して歩く箕子は何事かを呟いていた。

「比干よ。お前は……」

だが、後は葦の葉ずれのざわめきに掻き消されて聞きとることは出来ない。

蓬のように乱れた髪が削げ落ちた頬や鬢髯を掩いかくすように後から逆立ち、眼ばかりが瞋恚《しんい》に燃えて赤く異様に血走っていた。これがあの殷帝の即位に巫師の大役を勤めた人だとは信じられない。幽鬼のように変わり果てた姿であった。

箕子は歩きながら又何事かを呟く。

「微子よ。お前は……」

　だが、この呟きも途中から風にさらわれてしまって、後は力なく唇が顫《ふる》えているだけである。

　箕子は河辺に辿りつくまで、そうやって何かを呟きながら歩き続けた。

　しかし、河辺に達した箕子は立ち止まると口をきつく結んだ。

　眼の前の黄河は洋々として流れの方角も定かではない。海辺の渚に寄せるような波が足もとを洗っていた。

　河の向こうは既に時雨れているのか、薄墨色に烟っていて何も見えない。その茫々とした対岸を真っ直ぐに見つめて、箕子は一声、

「紂！」

　と叫んだ。

　咽の奥から絞り出すような恐ろしい声であった。箕子は唾を飲みこむと、更に眦《まなじり》をつり上げて、見えない対岸を睨むようにして見据えるのであった。

　箕子はそのまま動かなかった。塑像のように動かなかった。そうして、ただそれだけであった。

いつもならもうこの河の上流に当たって赤い夕陽が沈む刻限であったが、時雨模様の夕暮れは低い雨雲が垂れこめて昏い。風が吹くと、葦はその体を前後左右に激しく揺り動かして、吹きつけて来る風を少しでも避けようとしていた。葦の揺れ方から風向きのわずかな変化まで読みとることは難しかったが、風は時折、微妙に向きを変えた。その証拠に葦の間に拡がる水溜りの上を、漣は時々違った方角に向って走っていった。

その時、河上の方から風の音ではないものが沸き上がるように近づいて来た。

水の音であった。

よく見ると、一団の雨あしが河面を叩いて水面を白く波立たせながら風のような速さで箕子に向かって近づいて来るのであった。

五

箕子は獄舎に繋がれてもう二年が過ぎようとしていた。

丸太を組んだ獄舎の格子越しに外を眺めていると季節が空を流れていった。掩う雲、浮かぶ雲、湧く雲、流れる雲。雲ひとつない時でさえ空は四季折々に色の深さを変えた。箕子は獄舎の中で、寧ろ平静な気持で空を見ていた。

その年の春の終りに一番端の格子を伝って瓢箪の蔓が伸びて来て、夏には涼しい広い葉を拡げた。獄舎の中から見る限りでは、巻髭と葉と実のならぬ雄花だけであったが、秋の終りに、獄卒が枯れかけたその蔓を剥ぎとるのを見たところ、幾つもの見事な瓢箪が一緒であった。瓢箪の葉の茂みが取り除かれた格子の間からは、また以前のように遠く鹿台の高楼が望まれるのであった。

鹿台では微子、比干、箕子と煙たい者のいなくなったのをいいことに阿諛と追従の言葉にまじって脂粉の嬌声が弾け飛ぶ中を、変らぬ紂の毎日が続いているのであろうと箕子は思った。

箕子が捕らえられて間もなく、楽官の少師疆も太師疵《し》と共に祭祀の楽器だけを大切に胸に抱いて周に逃れたということであった。殷の祭祀を顧みようとさえしない今の朝廷で、それらはもはや無用の物と考えられたからであろうが、だとすれば紂の生活はこれまでにも増して神を畏れぬ放埒なものになっているのに違いない。

事実、紂の贅沢を支えるためには人々に塗炭の苦しみを負わせて徴発した租税だけではなお事足りず、費中や悪来が掠奪の軍を起こすことを献言すると、紂は一も二もなくその提案を容れてしまうのであった。

「よかろう。今度は人方《じんぼう》の富源を狙え」

人方とは山東から淮水《わいすい》にかけて当時相当な勢力を張っていた異族であるが、こうして紂は軍を東に向けて出発させたのであった。

兵や戦車が、来る日も来る日も、朝歌《ちょうか》の街を東に向けて出陣していく気配を箕子は獄中で聞いていた。出征する兵たちは必ずまた還って来る積りでいるものもあり、何よりも壮丁の集団であるから出陣に当たって哀号することはない。しかし、女たちは泣いた。女たちが泣けば子供も泣いた。兵たちの出て行く足音と車の軋みと馬の嘶きとそれを見送る家族の者の哀号が一種異様な響きとなって一日のうち何度も箕子の繋がれたこの牢獄に聞こえてくるのであった。

「出征だな」

と箕子は獄卒に声を掛けた。

「はい」

「西に行くのか」

「いいえ、山東に行くのだそうです」

「山東に？」

箕子は言葉を途中で切って、この出征の意味を理解するのに苦しむ風であった。

戦は西の周に向かってではないのか、周との戦であれば、それはあり得ることである。今、天下の人望を一手にあつめ始めている周に対して殷が先制の攻撃をかけ、兎にも角にも殷道の大義を明らかにすることは手段の是非は別にして紂ならやるかも知れないと箕子は考えたのである。しかし、現実は箕子の推測を大きくはずれ、殷はただ掠奪のための軍を東に動かしているのであった。

「そんな馬鹿な」
と箕子がいくら頑張っても仕方がない。今の紂には、愚な戦をもちかける程の姦臣は大勢いても、それを押してとどめるような近臣はもう誰一人残ってはいなかったのである。

周では既に文王《ぶんのう》と称した西伯昌《せいはくしょう》が薨じて武王の代になっていた。武は殷の楽官たちが齎した祭器を見て遂に立ち上がることを決意した。殷が山東に出兵したというしらせを受けると、その決意をやがて実行に移した。

易姓革命が中国で行われたのは武のこの時が最初ではなかった。それを言うならば殷朝こそが革命によって成立した王朝なのであった。夏の桀王を倒して殷朝をひらいた湯王は殷の人々にとっては胸を張って誇り得る天子の鑑のような始祖として仰がれていた。

その殷朝のあまりの堕落に、遂に易姓革命を思い立つのが周の文王であった。従って武は先王の意志を忠実に継いだだけのことであろう。父子二代に亘って周到に準備した計画を実施するに当たって、この紂の山東出兵は一つの契機となったのに過ぎない。周王の文は西伯の称を許されて後、犬戎《けんじゅう》、密須《みつしゅ》を討ち、耆《き》国、邘《う》国を破り、羑里《ゆうり》の獄に入れられるもととなった讒人《ざんじん》崇侯も亡ぼして岐山《きざん》の麓の周原《しゅうげん》から都を豊邑《ほうゆう》に遷した。そこで文は薨じ、その後を武が嗣ぐのであるが、周のこの東進の着実な足どりは、西域の異族を平げた後、渭水《いすい》を南岸沿いに降りて来て殷の都のある華北平野を望む唯一の黄河の渡河《とか》地点を遂に確保するに至ったという風に読むことも出来たのである。更にこの間、武は一度、兵を発してひそかに黄河を渡ったこともあった。

だから、戦があるとすれば、それは殷と周を措いて考えることは出来ない。そして、革命側にはその用意が出来ていた。殷だけがそこまで逼迫した事態を知ってか知らずでか、なお驕奢のための掠奪の軍を図っていたのであった。

武は予《かね》て殷の無道に不満を抱いていた諸侯に対して檄を飛ばすと、自らは先王の位牌を奉じて豊邑を発った。兵馬戦車の渡河作戦が黄河に臨む盟津《もうしん》を基地にして展開されたのである。盟津は現在の河南省孟県に比定され、今でも黄河中流の重要な渡河地点であるが、ここに周の戦車三百輌、四万八千の兵士が集結した。上陸用舟艇が集められ、筏が組まれた。折しも北風の強い冬の日で、水辺での連日の作業は困難を極めた。

「今、われ、ここにつつしんで天罰を行う。一度限りの機会である。各兵、勉励努力して怠るな」

と武は黄河を渡る将兵を声高く励した。

紂は驚いた。

朝歌は前の都の亳《はく》のように堅固な防塁を繞《めぐ》らした防衛都市ではなかったから、せめて郊外の牧野《ぼくや》で阻止しなければひとたまりもないのだ。

「急げ。叛乱軍の一陣は黄河を渡ったというぞ」

山東に出していた兵も急遽引き揚げさせて、牧野の備えを厚くしたのである。

こうして牧野の地に両軍が対峙したのは、武王即位の十二年（紀元前一〇二三年）二月甲子の朝だと伝えられている。


その日、牧野の東から太陽が昇ると、地表に立ちこめた朝霧が這うように動き始めた。

箕子は獄舎の中で目覚めて、鶏が頻りに晨《とき》を告げるのを聞きながら、近々周との決戦が行われるという噂は知っていたものの、まさかそれが今日であるとは知るよしもなかった。

武は左手に黄金づくりの飾りをつけた大鉞を杖にして立ち、右手に白い犛牛《からうし》の尾を垂れた旗をかざして戦車の上から閲兵した。

「遥る遥るー、ご苦労であーる」

大音声が整列した兵士の端から端まで駆け抜けるように響き渡った。

「今こそー、戈《か》を称《あ》げよー」

「おう」

と兵たちは戈を称げた。

「矛《ほこ》を立てよー」

「おう」

「干《たて》を比《なら》べよー」

「おう」

武の革命軍には檄を受けた殷の諸侯も馳せ参じていたが、庸《よう》、蜀《しょく》、羌《きょう》、髳《ぼう》、といった西の異族も大勢まじっていた。その混成の実態を観察すれば、人々の殷帝紂に対する怨念の深さをそのまま裏返しにして彼らが周王武に寄せる信頼の厚さが計れるというものである。

混成軍は総勢五十万にも達したという。

その前で武は厳かに宣言した。

「牝鶏《ひんけい》は晨《あした》することなし。牝鶏の晨するは、これ家の索《つ》くるなり」

牝鶏を妲己に譬えて、妲己の言うがままになっている紂の無道を誅罰しようと易姓革命の大義を更めて全軍に明らかにした。

宣言が終ると革命軍は手に手に弓や矛を高くかかげて鬨の声をつくった。鉦を鳴らす者もいた。たたらを踏む者もいた。干を叩く者もいた。馬さえ嘶いた。こうして殷郊の牧野に決戦の幕は截って下ろされたのであった。

何百本と数えることも出来ない夥しい数の矢が一どきに空に放たれ、それぞれ弧を描いて両軍の陣地に雨のように降り注いだ。ひとしきり矢戦が続いた後は、両軍から戦車が操り出され喚声が挙がった。二頭立て、四頭立ての馬車に乗って馭者は鞭をふるって闘《たたか》った。射手は連射して闘った。接近戦になると戦車は互に戈を突き出して刺し合い、引っかけ合い、果ては戦車から跳び移って組み討つという一騎討ちの合戦であった。

殷軍は総勢七十万、数でこそ優ってはいたものの志気は天を衝く革命軍に較べようもない。遠く山東から馳せ帰って来た疲れもあって、勝敗は誰の目にもはっきりとしていた。

間もなく殷の先陣が潰れた。革命軍から勝鬨が挙がった。すると殷軍の二陣は忽ち浮足立った。そこへ息もつかせずに革命軍が雪崩れ込んでいった。二陣は三陣にぶつかるような勢いで退却を始めた。又、勝鬨が挙がった。それを聞いただけで、殷の三陣は早くも崩れはじめていた。

牧野の陣から殷の伝令は鹿台に馬を走らせた。次々に伝えられる戦況は鹿台を震駭させて、同時に朝歌の街は騒然となった。

獄卒でさえ不断の落着きを失って、獄舎を出たり這入ったりした。

「どうしたのだ」

と箕子が尋ねると、

「今朝から始まった牧野の戦いで、殷は周の叛乱軍に破れたらしい」

と獄卒は答えた。

箕子が黙っていると、

「殷はもう終りだが、あなたは自由になれるかも知れない」

獄卒はそう言うと、またそそくさと獄舎の外へ新しい情報を探しに出かけていった。

「殷はもう終りか」

箕子はかろうじてそれだけ呟くと、そこから見える鹿台に眼を投げていた。

箕子の体から力が一散に抜けていくように思われた。しかし、虚脱した箕子の心には不思議に悲しみの感情は湧いて来なかった。箕子にとって殷の終焉は謂うなれば既定の事実のようなものであった。だから今更、それを獄卒の口から聞いたとしても何程の感情が波立つということもない。同じように、殷が滅びることで間もなく自分が自由の身になれるかも知れないと聞いても、箕子にはそれを喜ぶ気持など毛頭なかった。殷が滅んで、なおそこに残る自分とは何であるのか。箕子はぼんやりそんなことを考えていた。

すると、遠くに見える鹿台の一角から白い煙が一條立ち昇り、見る見る火の手が拡がっていくのが見えた。火を放てと命じたのは紂自らであった。国中の人々から搾取した財貨の山と共に天下の怨望を一堂に集めたあの鹿台は、今、火の粉を散らし猛煙に包まれて、見たこともない巨大な火柱を噴き上げているのだ。さすがに箕子の眼はその光景に釘づけになった。白昼、あの鹿台が炎上陥落することが誰に想像されただろうか。だが、それは今、現実の光景として箕子の眼の前にあるのであった。

人々は鹿台の下を右に左に走って行った。母親は乳飲み児を抱き、老人は孫の手を引いて、降りかかる火の粉の中を逃げ惑っていた。飛び火して類焼する民家も数知れず、鹿台の風下に当たる朝歌の街は次々に炎と煙に包まれていった。酒池肉林の沙丘離宮もその方角にあった。離宮に火が移るのも時間の問題と思われた。

紂は今、どうしているだろう、と箕子は頭の片隅で思った。が、すぐ又箕子は、思いを眼前の光景に戻して、あの噴き上げる炎に鹿台の天井が落ち、梁が折れ、壁が崩れ、最後の柱が倒れてしまうまで見届けねばならないと思い続けた。

鹿台が燃え落ちる前に、沙丘離宮から火の手のあがるのが見えた。

紂は宮室に火が十分回ったのを確かめてから、宝玉を連ねた長い頸輪を首に巻いたまま白い大袖袍の裾を翻すようにしてその中に身を投げた。


召公奭《しょうこうせき》が獄卒に案内されて箕子の獄舎に現れたのは、その翌々日のことであった。

召公は獄中の箕子を格子越しに確認すると、おだやかな口調で獄卒に箕子を解放するように命じた。

獄舎の戸の前で箕子は召公に対した。

「長い間の幽閉、さぞやご苦労だったと思います。昨日、新しく天子の位につかれた周の武王の命に依り、お迎えにあがった奭です」

召公は殷勲に一礼したが、箕子は軽く会釈を返しただけであった。

「ひとまず、私どもの陣営に移っていただき、それから武王のもとにご案内したいと思っています」

箕子はそれでもまだ口を開かなかった。

一文字に堅く口を結んだ箕子の視線をまともに受けて召公はしかし、別に苛立つ風もなく箕子の返事を眼で促していた。

これは召公の人柄から来るものであろうか。それとも勝者の余裕なのであろうか。箕子は更めて強い屈辱感に襲われながら、今もなお生きながらえている自分の運命を呪いたいと思った。

一昨日、鹿台の風下にあった朝歌の街はあらかた灰になってしまったということであったが、あの日の風が逆であったら、鹿台の火は、この獄舎のまわりまでひと舐めにしていたに違いない。燃えるこの街と自分も運命を共にすることが出来たのであったら、紂と共に滅んだ殷の王族の一人としては、それに勝る操はあるまいものを、少なくとも、これほどに苦い屈辱を味あわされることはなかろうものを、やはりこの屈辱から逃れる術は死ぬより他になかったのだと箕子は思った。箕子の屈辱感はそれほど強烈だった。だから解放に来た召公に向ってもただ沈黙を守ることぐらいでは到底ぬぐわれるようなものではなかったのである。

箕子は獄卒の口から既に様々なことを聞かされていた。獄卒の話によると武の革命軍が朝歌に進駐してきたのはその日の夕刻であった。革命軍は殷の象徴である白い旗を先頭にかかげて這入って来た。人々はそれを道の両側に並んで手を叩いて迎えた。周の旗の色は赤であった筈なのに、それは殷の人々への刺激を考慮しての処置でもあったのであろうか。

武は人々にこう宣言したという。

「天は今こそ、この国に安らぎを降し給うた。われわれは、紂の無道から天下を解放するために来たのだ」

すると人々は一斉に歓声をあげたというし、それを話す獄卒の口ぶりも浮き浮きしていて、聞いている箕子の心だけが重く沈んでいったのである。獄卒はそんな箕子の顔色に出た翳りには一向におかまいもなく、その後の武の行動を見て来たように話すのであった。

朝歌の街に這入った武はそのまま車を鹿台に進めて、余燼燻《よじんくすぶ》る焼け跡の中から紂の屍体を探し出し、戦車の上から矢を三本射込んだ。次いで車を降り、更に剣で斬りつけ、黄金の飾りのついた鉞で首を刎ねると大きな白旗の尖に吊るした。妲己も既に縊死していたが、その屍体を降ろして紂と同じ辱しめを与えた後、その首を小さな白旗の尖に吊るした。こうして紂と妲己に対する天誅の儀式は終った。武は朝歌の街を出て、そこに軍営を設け、動揺する都の人々のために臨時の軍政を施くことにした。

聞きながら箕子の心は更に一層重く沈んだ。既に天命の終った殷の滅亡は仕方がないと箕子も考えていた。しかし、だからと言って、暴を以って暴に易えることが賞められていいことであろうか。その非に気づくことのない武をはじめ、武のもとに加わった諸侯たち、それを迎えて歓声をあげる都の人々。現にこの獄卒でさえ革命軍の勝利をあからさまに喜んでいる風な口吻であった。更に今、目の前にいる召公は、寛大で、勝者の将として一点の非の打ち所もない。箕子にはそれがたまらなかった。重く沈んだ心の中でそれら全部に向かって反発したい衝動が鬱積していた。しかし、自分の置かれている立場を考えると、今はその衝動も抑圧しなければならない。突き上げて来る言葉を押し殺し続けている意志の力が箕子に最後まで召公に対しては沈黙の応待を強いたのである。

召公の陣営に伴われた箕子が、再び召公と対座した時、箕子は獄衣を袖袍に改め、頭髪も洗い直して、長かった擒囚生活の名残は陽に当たることのなかった肌の色を除いてどこにも見つけることは出来ないほどであった。衣類はすべて召公から支給されたものであったので、身につける前、箕子は躊った。だが、供廻りに促されて着終ってしまうと却って身も引き締まり心も落着きを取り戻した。

箕子は今度は自ら口を開いた。

「武王に拝謁するのは、二、三伺ってからにしたいのだが、よろしいでしょうか」

召公は微笑を浮かべて、

「何なりと、どうぞ」

と、獄舎の時より更に打ちとけた態度であった。

「武王は新しい天子の位につかれたと言われたが、それはどのようにして行われましたか」

「殷の古式に則ってです。心ある殷の楽官が周に逃れて来ていましたから、それは万事滞りなく終りました」

手続きの上から武王の即位を認めまいとする箕子の試みは無駄なようであった。もっと詳しく知りたいという箕子の要求に召公は淡々と事実を以って答えた。

殷の祖廟は類焼からまぬがれていた。そこへ百人の卒が赤い幟《のぼ》りを押し立てて先導し、武の弟の叔振鐸《しゅくしんたく》が儀仗車を連ねてそれに続いた。武を中にはさむようにして左には大鉞を持った周公旦《たん》、右には小鉞を持った召公奭《せき》、閎夭《こうよう》たちも剣を持して武を護衛した。祖廟につくと、祭場の南壇に蓐席が設けられ、明水を奉じる者、采を祓う者、牲を索く者、すべてが古式通りに行われ、巫師の役を勤めたのは尹佚《いんいつ》であった。

「殷の末孫季紂《きちゅう》は先王の明徳を殄廃《てんぱい》し、神祇を祀らず、天下の人々を苦しめた悪業は全て天帝の知るところとなった」

武はここで恭しく再拝稽首した。

「ここに天命革まる。殷を改め、天命を受けよ」

尹佚が言い終ると武は再拝稽首して、ここに周の武王は革命を成就し、晴れて帝位についたのであった。

前日の夜、紂の子の禄父《ろくほ》は僅かばかり残っていた殷の祭器を捧持して武の軍門を訪ね、降伏の儀礼を終っていたが、その時の祭器は使うまでもなかったという。武はただ禄父にもその日の即位には立ち合わせたと召公は話した。

「それで、禄父はどうなるのです」

と箕子が尋ねた。

「別に変りはないと思います。武王は革命を天帝に報告して新しい天子にはなりましたが、殷から来た楽官の疆《きょう》や疵《し》は、殷の先祖を祀る資格は殷にしかないと言っていますし、武王もそれはその通りだと考えていられます。ですから、殷の余民はそのまま禄父に賜わり、殷に爵封されるのではないでしょうか。当分は治安のこともありますから、周の誰かがつくことでしょうが。武王は間もなく、豊邑に引き揚げる予定になっています」

箕子は文王の人柄についてはよく知っていたが、武王について知るところは少なかった。しかし、聞けば聞くほど、血を流す革命の手段を選んだ者とも思えない実におだやかな政策で、他にも、畢《ひつ》公に命じて囚われていた殷の群臣を釈放し、執居閉門中の商容《しょうよう》にも労いの使者を遣わしたということであった。比干の墓も閎夭に修復させるし、微子も箕子も、殷のもとの地位に戻す積りでいるらしかった。

「しかし、戦禍をうけた人々の生活はどうなるのです」

「それはもう、南宮括《なんぐうかつ》が担当していますからご安心下さい。鹿台で焼け残った財貨を支給して、早く家を建て直すように言い、鉅橋《きょきょう》の食糧も開放して人々に分配しています」

箕子は絶句した。自分の不明を恥じるより他なかった。周の武王が天子になったとは言っても、ひとつぐらい、それは間違っている、天子たる者はそんなことをすべきではないと指摘出来るところを見つけたいと考えたのであったが、それも結局空しい試みだったようであった。

召公が言った。

「ご理解いただけたら、そろそろご案内いたしましょう」

その時、箕子は召公の言葉に誘われて危うく腰を浮かすところであったが、

「いや、やはり武王との拝謁はご辞退したいと思います」

と立ち上がるのを止めた。

「何故です」

「どうしても理解できないのは、それほど立派な政事の出来る武王が、何故、革命という手段を選んだかということです。禅譲を迫るという手段もあった筈でしょうに」

召公は苦笑して、一旦、立ち上がっていたのに又座り直した。

「同じようなことをおっしゃるものだ」

「誰とです」

「伯夷《はくい》、叔斉《しゅくせい》という兄弟とです」

箕子が二人のことを知らなかったのは勿論である。召公は箕子のために話しはじめた。

「それは私たちが豊邑を発つ日のことでしたが、あなたとそっくり同じことをいう人がいたのです。それが、伯夷と叔斉という兄弟でした」

その日は朝から激しい雨風になり、卜筮《ぼくぜい》の卦が大凶と出たこともあって、武は出陣を躊

っていた。それを、戦には戦機というものがある。しかも、それは今日を措いてないというのに、枯れた筮竹なんかに何がわかるかと叱咤したのは軍師の呂尚であった。

雨の中を出ていく軍馬の列を遮って、突然濡れ鼠の姿で直訴する二人の老人がいた。

文王の位牌を載せた車を牽いていた馬が竿立ちになり、隊列が止まった。

老人の中の一人が言った。

「武王に申し上げます。私は孤竹《こちく》の国から文王の徳をお慕いして周に参りました伯夷と申す者ですが、この軍はどうぞ思い留まって下さい。父君文王の埋葬も終わらぬうちに出陣の沙汰とは、それでも孝といえるでしょうか」

するともう一人が言った。

「私は弟の叔斉と申す者です。臣下の身で、主君を弑する。それでも仁と言えるでしょうか。叶わぬ時には、禅譲という手段もございましょうに」

出陣に当たって隊列を乱す者の闖入に苛立って、先拂いの卒達は二人を斬ろうとしたが、そばにいた呂尚が声をかけた。

「義人じゃ。放してやれ」

この一言で二人は救われ、卒が彼らを抱きかかえるようにしてその場から連れ去ると、隊列は再び動きはじめた。

召公は二人が連れ去られながら大声で叫んだ言葉をよく憶えている。

「何ということだ。聞くと見るとでは大違いではないか。これが敬老の聞こえ高い周の仕打ちか。もう、いい。こんな周に従うことは真っ平ご免。義として周の粟《ぞく》を食むわけにはいかない。文王の徳を慕って遙る遙る来はしたものの、山にでも隠れて死んだ方がまだましだ」

――召公はふと、記憶の中に甦って来たあの伯夷、叔斉の顔に重ねて箕子の顔を見ると、箕子の眼の色はあの時の兄弟にそっくりだった。

伯夷、叔斉はその後、首陽山に隠れて、不義な周の粟米《ぞくべい》を断ち、薇《わらび》ばかりを採って暮らすうち飢え死したという。

彼ノ西山ニ登リ、ソノ薇ヲ採ル
暴ヲ以ツテ暴ニ易《カ》エ、ソノ非ヲ知ラズ
神農、虞《グ》、夏、忽焉《コツエン》トシテ没シヌ
ワレ、安《イズ》クニカ徂《ユ》カン

吁嗟《アア》、命ノ衰エタルカナ

司馬遷は『史記』の「列伝」の冒頭に伯夷の伝を置いて、『詩経』の撰に洩れた「采薇《さいび》の歌」と共に二人についての言い伝えを記録している。

ともあれ、箕子はこの時、はじめて自分と同じ考え方の者のいることを知って嬉しいと思った。だが、それにしても、その伯夷、叔斉の生き方をそのまま自分もなぞることもならない。何故ならば、それは箕子自身の生き方でなく、飽くまで伯夷、叔斉の生き方だったからである。

箕子は己れの操を貫くために、二人とは違う何かをしなければならないと思いはじめた。

六

箕子はこの後、朝鮮に行くことになる。

その経緯については記録がまちまちなので一概には決め難いが、先ず班固《はんこ》の『漢書』地理志・燕地の条によると、箕子は殷道が衰えたので朝鮮に行き、そこで人々に礼儀や田蚕の術を教えたとある。その教化の影響で楽浪の古代朝鮮社会には犯禁八条の法が行われるようになったというのである。

殷ノ道衰エ、箕子去ツテ朝鮮ニ之《ユ》ク。

この原文からすると、箕子は微子と相前後して、殷がまだ滅ぶ前に朝鮮に行ったようにも考えられる。だが、滅亡こそが殷道の衰えの結果なのであるから、殷が滅んでから箕子が朝鮮に行ったとしても間違った解釈にはならないだろう。班固はどちらにもとれるような書き方をしている。

これに対して伏生《ふくせい》の「尚書大伝」は、箕子が朝鮮に行った時期をはっきり殷の滅亡後としているところが注目される。つまり、周の武王が獄中の箕子を釈放してやると、箕子は周の仕打ちに不満を抱いて朝鮮に逃げて行った。そこで、箕子をそのまま朝鮮に封じてやったら、箕子は已むを得ず臣礼を修めねばならないので武王の十三年に来朝し、武王に問われるまま天下安民の道として洪範九疇を演述したというのである。

ここで一寸ひっかかるのは、逃げて行った箕子を武王はどのようにしてその地に封じることが出来たかということ。箕子は逃げて行った先で、自分がそこに封じられたことをどのようにして知ったかということ。又、假に武王の使者が追いかけて行ってそれを告げたにしても、逃げるほどその仕打ちに不満を持っていた武王に対して、「はい、それならば」と直ぐにも臣礼のための来朝が箕子に出来たろうかということ。殷の滅亡が武王十二年（紀元前一〇二三年）の二月であるから、伏生が伝える箕子来朝の武王十三年はその直ぐ翌年という計算になるわけである。

箕子は殷を去ってひと先ず箕国に引き揚げたろう。そこで一応、身辺の整理などして、一族ともよく話し合ったうえで朝鮮に行く。ところがこの時期の朝鮮にはまだ国と言えるほど纏まった社会はなく、北西海岸部にあった朝鮮、真番系統の民族社会と、その後方山地及び東北海岸部にあった扶余、濊貊《わいばく》、臨屯系統の民族社会と、半島の南半分にあった三韓、倭系統の民族社会。この三つがあった。箕子が行ったのはその中の北西海岸部だったに違いない。高麗の一然《イルヨン》による『三国遺事』には箕子の墓が平安南道の平壌にあったと記録されているし、現に平壌は別名箕城と呼ばれたこともあるという。

しかし、箕子がその平壌へ漸く辿りついたところへ追いかけるようにして冊封《さくほう》の使者が来る。当然、箕子は困惑する。が、直ぐに気持を切り換えて臣礼を修めるための旅支度にかかる。そして、周の都に着いて武王に謁見するのが、箕子釈放の十カ月乃至一年十カ月後というのはいかにも考えにくいスピードではあるまいか。これだと武王のもとを去ってから再び会うまでの時間が不自然に短いように思われてならない。周と朝鮮とを往復するのに要する物理的時間のことより、私が言いたいのは箕子の心の変化に必要だった時間のことなのである。

その点、司馬遷の『史記』は不自然さが一番少ない。『史記』によると、殷を滅ぼした武王は紂の子の禄父を殷（河南省）に、戦功抜群であった太公呂尚を齊《さい》（山東省）に、周公旦《たん》を魯《ろ》（山東省）に、召公奭《せき》を燕《えん》（河北省）にという風にそれぞれを封じ終ると間もなく周の都へ引き揚げた。そこで周室の基礎を固めるべく寝る暇も惜しんで日夜、政治に心を砕いた。暫くして、箕子を呼んで、殷が滅びた所以を尋ねると、箕子は殷の悪については述べるに忍びず、国が存亡する時の一般論を答えて例の安民の道として洪範九疇を演述したというのである。

武王は箕子を朝鮮に封じたが、臣下にはしなかったとも書いている。この文章には些か矛盾を感じるけれども、総じて『史記』の方が「尚書大伝」より自然で素直に箕子を想像出来る。

箕子は多分、武王への謁見を促す召公に向っては死ぬほどの覚悟でそれを拒否し続けたに違いない。言ってみれば、それは箕子胥餘《しょよ》の殷の王族としての意地である。そして、召公にはその意地が理解出来た。だから武王には適当に他の言葉でとりなした。武王にしても、強いてその場で箕子に会わねばならぬ理由はなかった筈である。

以来、召公と箕子との間には奇妙な友情のようなものが通いはじめた。

召公は冊封された燕地に行く時、途中の箕国まで箕子を連れて行くが、燕は箕も包括していたのでそのままそこに箕子を残した。

「あなたは私の客賓として、ここの館をご自由にお使い下さい。そして今後のことについてはここでゆっくり考えて下さい」

箕子が妻子と共に生活しながら例の浮かぬ顔で到達した結論は、ここより更に遠い朝鮮へ行くことであった。

箕子はその決心を召公に伝えた。

無論、召公に異存のある筈はない。

「しかし、どうでしょう。その前に一度、武王に会われては？」

「…………」

「いや、無理にとは言いません。無理にとは言いませんが、殷の禄父のもとにとどまることをしなかったあなたは、既に周の武王の臣下ではないのです。単なる私の客分として、私の主である武王にも会って下されば倖いですが……」

箕子は考えた。

あの時の自分の意地は、武王への謁見を最後まで拒否したことで既に十分に立ったのである。あの時、あの意地を立てさせてくれたのは召公で、召公には寧ろ借りがあると言ってもいいくらいである。それに箕子の気持も今は十分に落ち着いていた。
箕子は承知した。召公と同道で周に出て、それがあの翌年の武王十三年のことだったのである。

武王が箕子を朝鮮に封じて、しかし臣下にはしなかったということの矛盾についてはどうなのだろう。これは封じるという表現に問題があったのである。朝鮮がもともと殷や周の征服地であれば封じることも出来ようが、そうではない。朝鮮から進んで入貢でもして来たのなら、入貢した者をそのままそこに封じることも出来ようが、そうでもない。だから、どう考えても武王の時代には箕子に限らず誰であろうと朝鮮に封じることなど出来る筈はなかったのである。ただ、これを書いた司馬遷の時代は既に朝鮮が楽浪の地として漢の版図に組み込まれていたので、実際には箕子が朝鮮に行くことを許しただけのことでも分かり易く封じるという表現を使ったのに過ぎない。だとすれば、この条りの矛盾も氷解するだろう。箕子は武王に朝鮮に行くことを告げる。武王はそれを敢えてとめなかった。勿論、臣下の関係を確認することもなかったというわけである。

箕子は朝鮮、真番系の社会に這入って行って、今はもう滅びてしまった殷の道を説いた。天帝と天子の概念。礼儀、道徳、五行説。卿、大夫、士の制度について。正しい卜占や先祖の祀り方について。

朝鮮半島の平壌を中心とするその地方は、周の末期に書かれた『山海経《せんがいきょう》』のいう蓋国《がい》の故地で、

蓋国ハ鉅燕《キヨエン》ノ南、倭ノ北ニ在リ、倭ハ燕ニ属ス。


とある。箕子の感化は隣接する扶余、濊貊、臨屯系や三韓、倭系の社会にも静かに及んでいった。殷の人々の生き方、暮らし方、考え方を東方の未知の人々に伝えて残すことが、箕子にとっては滅ぼされた殷に対する最後の節操だったのである。

殷は滅んだが、考えてみれば非道な紂と出しゃばり妲己が死んだだけだという人もいる。武王が殷の直接統治を遠慮したのも、強大な殷の勢力がまだ残存していることを認めたからだったかも知れない。

その中でどうやって周の王権をゆるぎないものにするか、武王は悩みながら、東の都洛《らく》邑《ゆう》の造営事業もこと半ばにして崩じた。

太子の誦《しょう》はまだ幼少で、魯の周公が摂政になった。殷の残存勢力は諸侯と結び、周公を疑って反乱を起こした。周公はこれを平定するのに三年もかかった。やがて誦が大きくなったので周公は摂政を退いたが、それが二代目の成王である。

成王は召公を呼んで洛邑の造営を完成させた。周公に命じて淮夷《わいい》や奄《えん》を伐《う》った。こうして華北は安定して、洛邑に入貢する国々もその数を年々増すようになったのである。

成王ノ時、越常雉《エッショウチ》ヲ献ジ、倭人暢《ワジンチョウ》ヲ貢ス。

と王充《おうじゅう》は『論衡《ろんこう》』に書いている。雉《ち》とは何だろう。暢《ちょう》とは何だろう。同じ『論衡』の中に、

周ノ時、天下太平。越裳白雉《ハクチ》ヲ献ジ、倭人鬯草《チョウソウ》ヲ貢ス。白雉ヲ食シ鬯草ヲ服スルモ、凶ヲ除クコト能ハズ。

ともある。これで雉というのがただ普通の雉ではなく、お目出たい白雉だったことがわ

かる。同じように暢は不老長寿の薬草である。凶を除く縁起物として夷蛮の国の人々は周室の弥栄《いやさか》を願う真心をそれらの物に託して貢いだのであろう。しかし、『論衡』はそんな呪《まじな》いのような物をいくら食べても飲んでも効きはしなかったと書いているのである。

越は南蛮である。倭は東夷である。夷蛮の貢献をもって、北狄《ほくてき》、西戎《せいじゅう》、南蛮、東夷、すべての異族からの貢献を表現したに違いない。周代千年の歴史の中で夷蛮の入貢がこの二回だけであったと考えるのは極めて困難なことである。

『史記』の「宋微子世家《そうびしせいか》」には、箕子のことが次のように書かれている。

その後、箕子は周を訪問し、もとの殷の城址を過ぎた。宮室は荒廃して跡形もなく、麦や黍が茂っているのを見て、感慨を禁じ得なかった。号泣すれば憚りがあり、涕泣すれば婦人のように女々しい。そこで「麦秀の詩」をつくって歌った。その歌詞にいう。

麦秀《ムギヒイ》デテ漸漸《ゼンゼン》タリ
禾黍油油《カショユウユウ》タリ
彼《カ》ノ狡僮《コウドウ》ヨ、我ト好《ヨシミ》セザリキ

彼の狡僮とは紂のことを指している。

私が「麦秀の嘆」という言葉を習ったのは中学二年生の一学期であった。昭和十八年の四月、戦争もまだ内地はそれほどひどい状態でなく、学徒動員令の前なので授業も普通に行われていた。私はこの言葉を午後の東洋史の時間に聞いた。

「行けど進めど麦また麦の、と歌にもあるだろう。支那の平野は、日本の平野なんか問題にならんほど広くて、そこに箕子の一行が来てみると、麦は秀でて漸々たり、禾黍は油々たり、殷の廃虚は一面、鴉の豌豆の蔓におおわれて、葎《むぐら》も茂っている。車前草も生えている。毛茛《うまのあしがた》の黄色い花も咲いていたろう。しかし、もう、そこには誰もいない。殷はとっくに滅びてしまっているのだ。空だけが真っ青で、太陽は燦々と輝いている。そして汗ばむほど暑い。雲雀が空に、高く高く囀っている。だが、それはただそれだけのことでしかない。箕子はね、その時そこに何を見たと思う？　焼け跡の灰の廃虚の上に、嘗《かつ》て確実にそこにあった自分たちの生活、今はもうない愛する殷の人々の生活――それを思うと、箕子は口惜しかったのだろうね。糞！　馬鹿紂め！　麦秀の嘆というのは、ね、そういう嘆き。みんな、わかったかあ？」

「ハアイ」

少年であった私は、先生から眼を盗むようにそらして窓の外を見た。空には雲があった。多湿な日本の空であった。箕子が見た昔の大陸の空を、私はひそかに想い描いた。

今なら、私はもっと違った想像をする。箕子の一行が連れている驢馬の荷の中味だ。箕子は武王が崩じ、禄父《ろくほ》も叛乱して討たれたことを知ってから、周の成王に臣礼する気持になったのであろう。貢物には朝鮮の珍しい土産にまじって、倭人からことづかった鬯草もあったのに違いない。箕子はどのような言葉で、縄文中期の倭人を成王に語ったのであろうか。

主な参考文献

司馬遷著　野口定男他訳「史記」平凡社
李丙燾著　金思燁訳「韓国古代史」六興出版
貝塚茂樹他監修「世界の歴史」中央公論社
貝塚茂樹他著「世界の歴史」講談社
陳舜臣著「中国の歴史」平凡社
白川静著「甲骨文の世界」平凡社
一然著　林英樹訳「三国遺事」三一書房
李基白著　泊勝美訳「韓国古代史論」学生社
古田武彦著「邪馬一国への道標」講談社
貝塚茂樹著「中国古代再発見」岩波書店

Ⅱ　古代への旅

日向峠

古代への旅1

昨年（一九九六）の十二月、深江の駅家《うまや》跡が官道の遺構とともに発掘されたと新聞に出ていた。この官道というのは奈良時代の筑前西の官道のことである。太宰府水城の西門を出て、石瀬《いわせ》駅（三宅）から鴻臚《こうろ》駅（警固《けご》）方面と額田《ぬかた》駅（野方《のかた》）方面とに別れ、額田駅からは広石越えで比菩《ひぼ》駅、深江駅、佐尉《さい》駅と糸島をぬけて松浦へ向かうのである（次頁図参照）。各駅は、十五匹、十四、五匹などと定められた駅馬を用意していた。

日向越え

福岡市から糸島にぬけるのに、昔は今のように海岸線沿いに行くことは難しかった。福岡市と糸島との間にある高祖山《たかすやま》山塊の先端が長垂《ながたれ》の断崖で博多湾に達しているからだ。ぬけるには、広石越えの官道のほかに、もう一本、日向《ひなた》越えという細い山道があった。

この道は、室見川の中流に注ぐ日向《ひなた》川に添って登っている。登っていくと、突然、視界がひらけて糸島平野が一望できる峠にたどり着く。今は、勿論、舗装道路で、前原市が建てた「日向峠」の大きな石碑があり、その脇の説明板には次のように書かれている。

「この峠から南西に韓国（王丸山）、北西には櫛触《くしふる》山、その先には高祖山といった神話の山々が連なり、日向三代神話の源流となる処です」

韓国と書かれているが、これは明ら

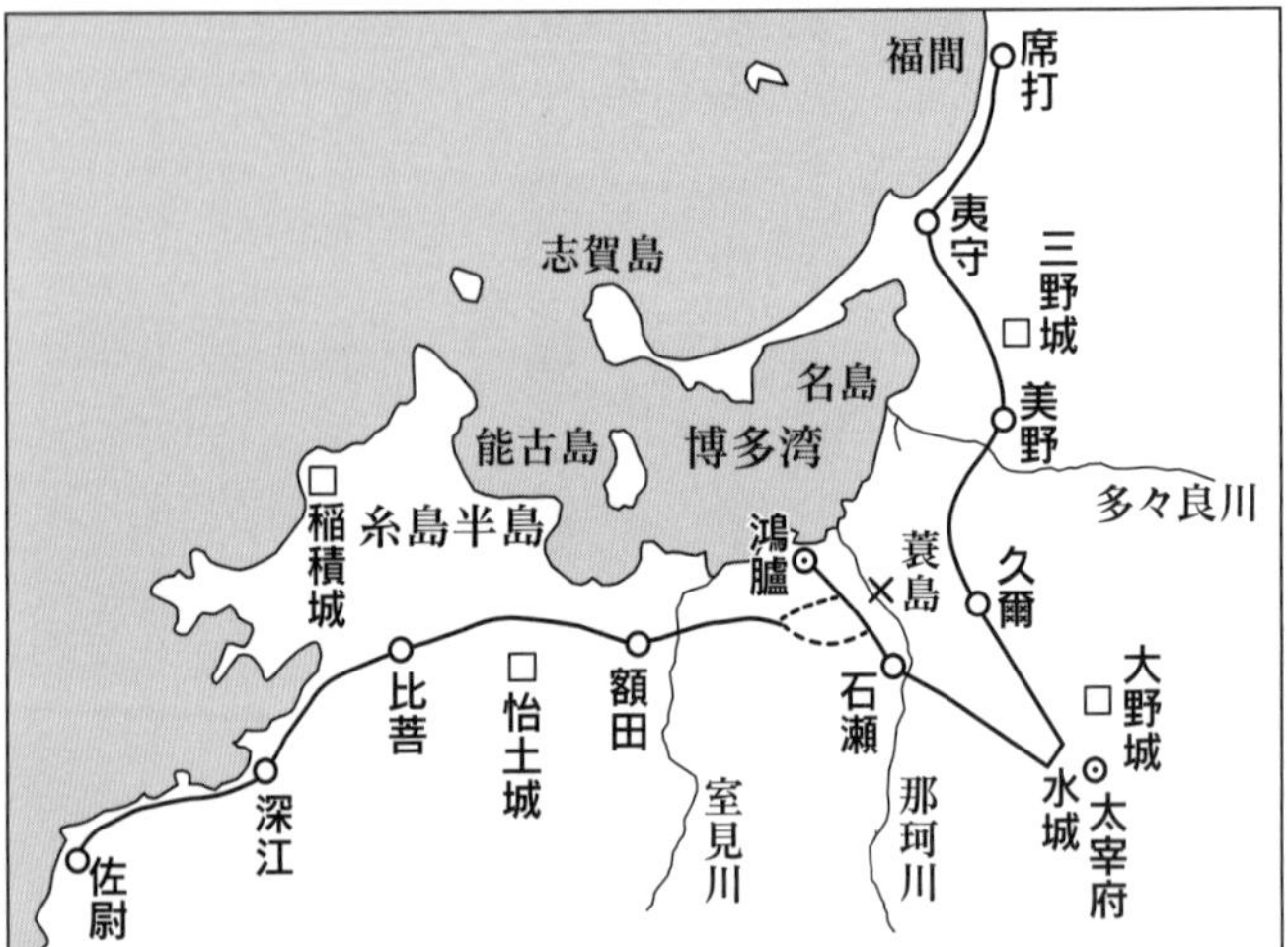

博多湾方面古駅配置図。古駅（○印）とそれを結ぶ官道（太線）及び古城（□印）を現在の地図にあてはめたもの（中山平次郎『古代の博多』九州大学出版会、1984）

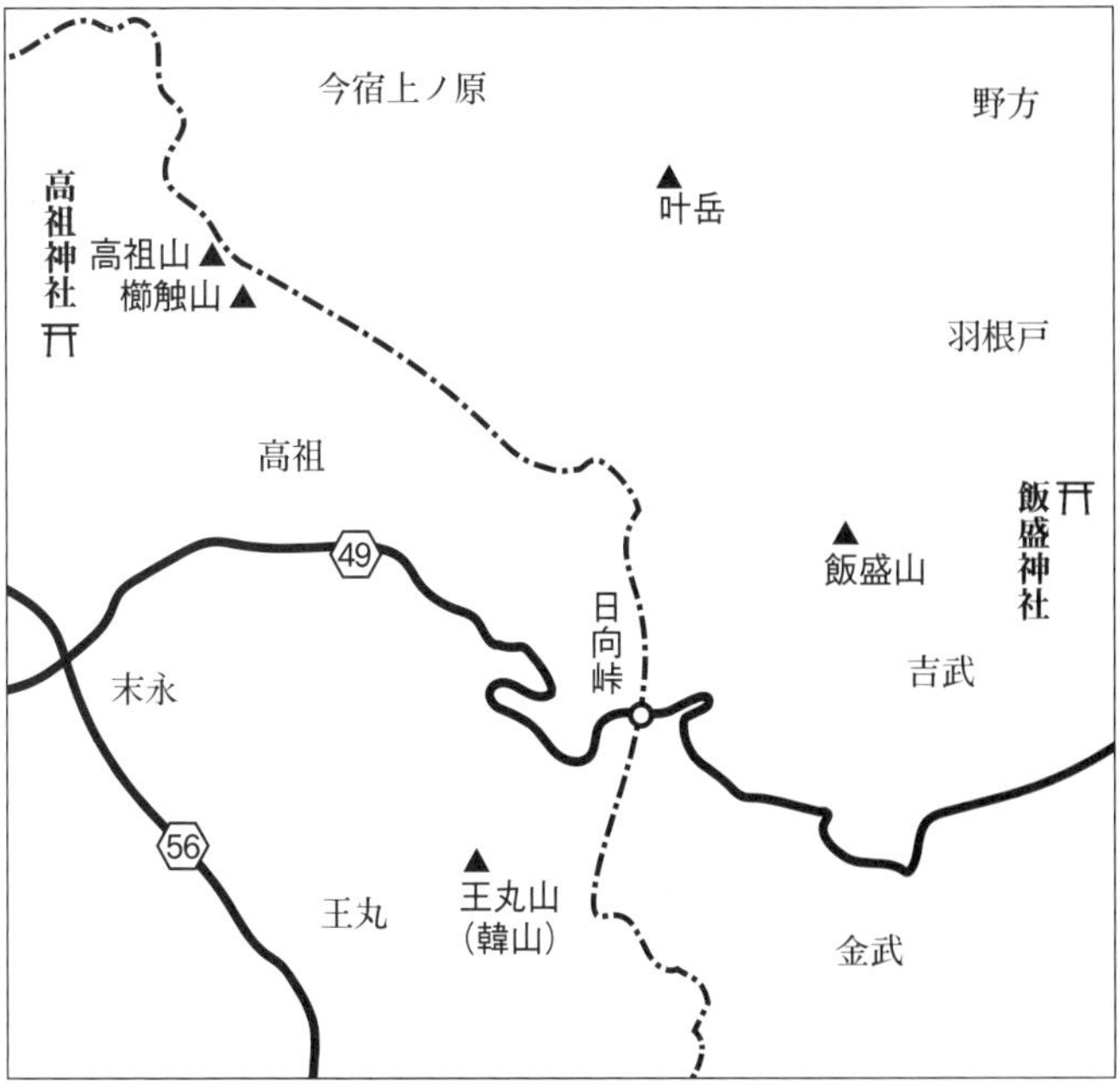
今宿上ノ原
野方
叶岳
高祖神社
高祖山
櫛触山
羽根戸
高祖
飯盛神社
飯盛山
49
日向峠
末永
吉武
56
王丸山
（韓山）
王丸
金武

現在の日向峠の周辺略図（上）と説明板

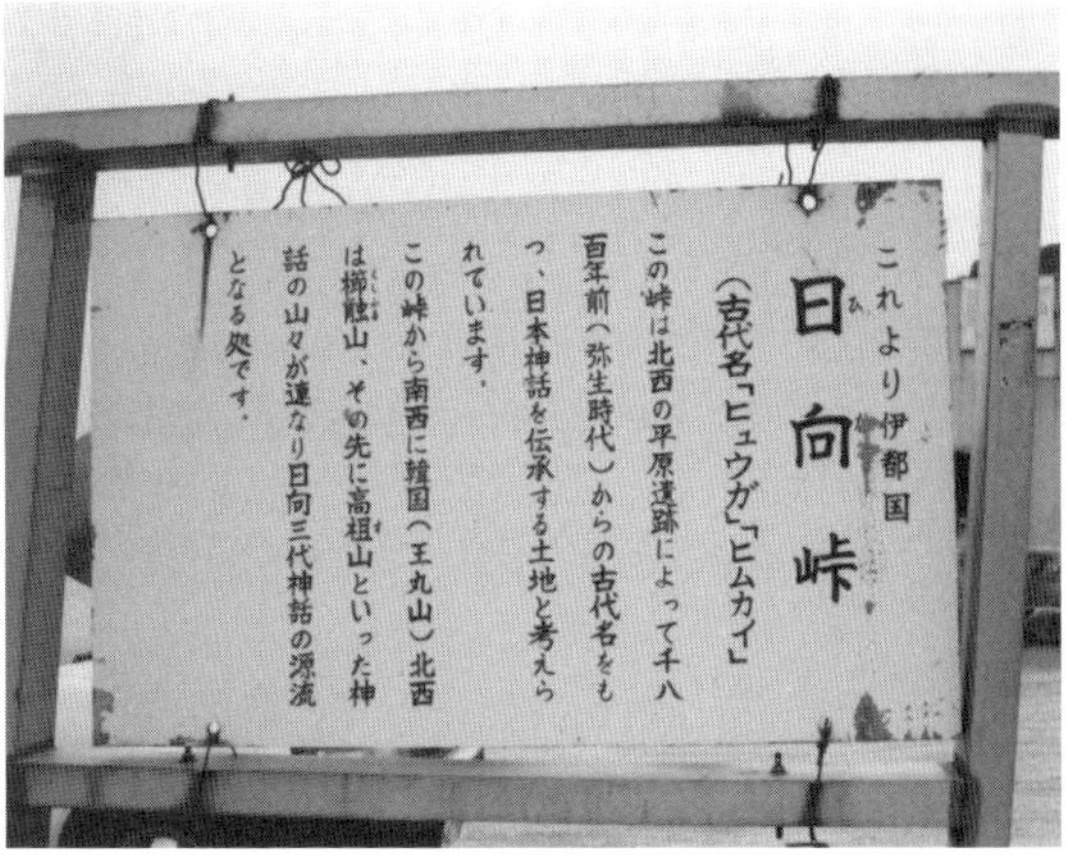
これより伊都国
日向峠
（古代名「ヒュウガ」「ヒムカイ」
この峠は北西の平原遺跡によって千八
百年前（弥生時代）からの古代名をも
つ、日本神話を伝承する土地と考えら
れています。
この峠から南西に韓国（王丸山）北西
は櫛触山、その先に高祖山といった神
話の山々が連なり日向三代神話の源流
となる処です。

かに韓《から》山の誤記である。青柳種信の『筑前町村書上帳』に嘉良《から》山とあり、原田大六氏の『銅鐸への挑戦 4』にもカラ山とある。日向三代の神話というのは、年輩の人なら誰でも知っているニニギ、ヒコホホデミ、ウガヤフキアエズについての神話のことである。

「天孫降臨」地に二つの説

ニニギの話は「天孫降臨」神話ともいわれ、戦前は宮崎県の日向《ひゅうが》を舞台に語られることが多かった。ニニギは雲に乗って天から降りてきた。そこが日向の高千穂である、と。この説は、江戸時代の本居宣長以来、日本の国学者の伝統的見解であったが、そんな馬鹿な話が信じられるかと、戦後は津田左右吉の「応神以前の説話は八世紀の史官の作り話だ」という「造作説」によって否定されてきた。しかし、それを復活させたのが原田氏である。

原田氏は「私はシュリーマンの自伝に感激した。私も幼少から『日本神話』と『民間伝承』と『考古学』を結びつける夢を追い続けていた。勿論、戦前戦中の『日向の国』が宮崎県と考えてのことではない。糸島こそ天孫降臨神話の実在地である」と書いている。

その後、この天孫降臨糸島説をさらに論理的に検証したのが古田武彦氏である。

氏は、天孫降臨の地を記録した「記紀」の六件の記述を比較して、「筑紫（竺紫）の日向の……」とあるのは近畿天皇家の伝承だからで、この筑紫は福岡県の筑紫を指していること、及び単に「日向の……」とあるのは筑紫で書かれた一書群を引用したからで、わざわざ筑紫と書かれていないことこそ、そこが福岡県の筑紫の日向である証拠だ、とした上で、慶長年間の黒田長政の書状に、日向山、クシフル山などの地名が書かれていることから「筑紫の日向の……」を突き止めた。

四至文

さらに古田氏は、このクシフルに降り立ったニニギが糸島の地をほめてうたった『古事記』の言葉を、正確に解読した。

「この地は、

志登神社（浮島）から高祖山を望む。奥に韓山（王丸山）

韓国《からくに》に向ひて真来通り、　(向韓国真来通)
笠沙《かささ》のみ前にして、　(笠沙之御前而)
朝日の直刺す国、　(朝日之直刺国)
夕日の日照る国、　(夕日之日照国)
故《かれ》、この地は甚《いと》吉き地なり、と。」

これは漢字六字ずつ四行の対句で、東西南北を表現した「四至」文だというのである。

日向峠からは、その糸島平野がよく見える。条件のよい日には平たい壱岐島まで見通せる。

可也山

可也山《かやさん》は、筑紫富士、糸島富士とも呼ばれている。今宿、周船寺方面から見ると、そのなだらかな梯形は、いかにも富士山を思わせる。頂上には可也神社があり、祭神は意外にも神倭伊波礼毘古命《かむやまといはれびこのみこと》（神武天皇）である。

伏せた管笠

しかし、この山は、見る角度によっては、何の特徴もないただの二等辺三角形で、しかも頂角が鈍角なので、伏せた菅笠を連想させることもある。古代は、旧怡土《いと》郡と旧志摩《しま》郡の間に糸島水道が深くくい込んでおり、縄文の海進期には怡土と志摩は水道で隔てられていたという人もいる。弥生時代の可也山を想像すると、深くくい込んだ水道に、その姿が逆さまに写ってさぞ美しかったことだろう。
渚には、この水道に注ぐ瑞梅寺《ずいばいじ》川や雷山《らいざん》川によって上流から運ばれてくる白砂が堆積する。植物学者は、このころまで、まだ海岸には松原はなかったと考えている。

四至文の解釈

前回、日向峠で、糸島の地をニニギがほめた四至文について書いたが、私はそれを次のように解釈している。

韓国《からくに》に向ひて真来通り、　（向韓国真来通）
笠沙《かささ》のみ前にして、　（笠沙之御前而）
朝日の直刺す国、　（朝日之直刺国）
夕日の日照る国。　（夕日之日照国）

日向峠から見る可也山（奥左）、右が高祖山

一行目は南の韓山から北を見て述べた。

二行目は北の可也山から南を見て述べた。

三行目は西の端から東を見て述べた。

四行目は東の端から西を見て述べた。

「笠」を辞書で見ると、笠、傘のほかに「笠の形をしたもの、または上にかぶせたものをさす」とある。それでは、可也山を笠と見立てて、麓の白い砂浜を仮に笠沙と呼んだとすれば、怡土の地はまさに笠沙の前に広がっていることになるではないか。

ここから私の昔の「小字」地名探しが始まった。すると、おもしろいことが次々に見つかったので、それについて書いてみたい。

笠・沙・前の「小字」地名

まず、笠のつく小字地名は、旧怡土郡内に笠掛（二カ所）と笠松、旧志摩郡内に笠掛がある。沙について調べると、砂古《すなこ》、砂古《さこ》、砂入、サハリ、サヤなどがあり、白浜、白岸、白野もある。前は、前田、前野、前、前川、前ヶ浦があるが、中でも前田は前原を中心に三〇カ所もあり、このあたりは前のつく小字地名の氾濫地域といえる。『魏志』倭人伝に「世々王あり」と記録された三世紀の伊都王は、もっと古くは、倭語で「前つ君」と呼ばれたのかも知れない。天孫降臨神話でいう「笠沙のみ前」は、今、前原市の地名として残っているのではないだろうか。

すると、そのニニギが、木花佐久夜毘売《このはなさくやひめ》にあったという笠沙の御前《みさき》とはどこだろう。『古事記』には詳しく書かれてないが、『日本書紀』には「吾田《あだ》の長屋《ながや》の笠狭碕《かささのさき》」となっている。一人称の「あ」は古い呼び方で、後に「あ」は「わ」に変るのだから、「あだ」は「わだ」になった可能性が考えられる。

わだ・なが・やの「小字」地名

小字地名の「わだ」を探してみると、旧志摩郡内に和田（二カ所）、小和田、西和田、大和田。ここは和田小字圏の存在を確実に示している。さらに「なが」のつく小字は、同郡内に長浜、ナガヨリ、是永、長元、長川、長谷、長浦（五カ所）、長畑（二カ所）、長尾（二カ所）、長田（三カ所）、長牟田、永田、長峰、永峰、永ノ脇、長サキ、長ヲサ、と二十五カ所もある。それに地名接尾語「や」のつく地名は、芥屋、塩屋、丸屋、土屋、大梶屋、湯屋、松塩屋、大屋、サヤ、可也などがあるから、長屋が、かつて存在しなかったとは断言できない。

鷺の首の桜谷神社

今、私は、通称「鷺《さぎ》の首《くび》」と呼ばれる岬の付け根が昔の笠狭（沙）碕ではないかと考えている。近くの桜谷には若宮神社（桜谷神社）があり、祭神は木花佐久夜毘売神と苔《こけ》牟《む》須《す》売《め》神である。

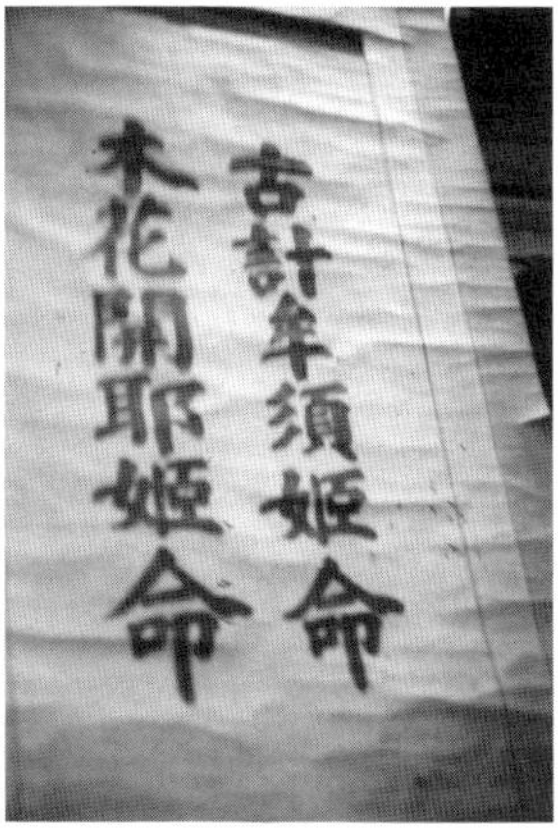

古計牟須姫命と木花開耶姫命を祭る若宮神社（桜谷神社）

芥屋

福岡から芥屋に行くとき、国道二〇二号線の今宿から右折する。そして、すぐまた横浜の交差点から左折すると、元岡を抜けてあとは芥屋まで一本道である。

芥屋にはゴルフ場もあるので、この道を走った人は少なくないはずだが、このごろ、私は、この道を走ると、なんだか浮き浮きしてくるようになった。むかし、この道をニニギが国覓《くにま》ぎして歩いた。『日本書紀』には確かにそう書いてある。だから、私は、自分にも何かいいことでもありそうな楽しい気分になってくるのだ。

宮崎ではわからない「ニニギの国覓ぎ」

『書紀』は、そこのところを次のように書いている。

槵日《くしひ》の二上《ふたがみ》の天《あま》の浮橋より、浮渚在平処《うきじまりたひら》に立たし、
膂宍《そしじ》の空国《むなくに》を、頓丘《ひたを》から国覓《くにま》ぎ行去《とほ》りて、
吾田の長屋の笠狭碕に到る。

大勢の学者が、この三行の解読に知恵を絞った。岩波古典文学大系の注によると、大筋は次のような意味になる。

「高千穂の峰から降りていくと、浮島があって、平らな処にお立ちになって、背中の肉のような荒れてやせた不毛の国を、ずっと丘つづきによい国を求めて行き、鹿児島県加世田市長屋山あたりの笠沙野間岬に着いた」

ところが、地図を開いて地名を一つ一つ確認していくと、訳がわかなくなる。高千穂から長屋山までは直線距離でも八〇キロ、野間岬までは百キロである。この間、徒歩で行くのであれば、当然、どこかで一泊か二泊しなければばなるまい。途中、浮島もなければ平らなところもなく、ずっと丘つづきだなんて、どこの部分を指しているのかわからない。

なぜ、こんな解読になるかというと、これはニニギの降臨地を宮崎の日向だと考えたか

らである。原田大六氏や古田武彦氏のように「槵日の二上」を糸島の高祖山山塊のクシフル岳と考えれば、こうはならない。

クシフル岳～浮渚～ソシジの空国～笠狭碕

クシフル岳を降りていくと、浮島がある。今、志登《しと》神社のある場所は、昔、浮島と呼ばれていたと『糸島郡誌』にあり、ここは縄文海進のころまでは糸島水道であったが、最も浅いところだったので真っ先に陸地化したものと考えられる。それで浮島。しかし、当時は、干潮になると現れてくる洲のようなもので、その時だけ怡土と志摩は徒歩で渡れるようになる。その渚状の浮島の比較的平らなところに立ってということだろう。「浮渚」と書いて浮島と読ませるところがにくい。

すると、「膂宍の空国」は「背中の骨のまわりの肉

火災前の志登神社

のように土地の少ないソラ国」である。旧怡土郡には字ソラ、ソラテがあった。浮島からソラを指して行くには元岡丘陵を抜けるしかない。それが「頓丘《ひたを》から国覓ぎ行去《とほ》りて」である。「吾田の長屋の笠狭碕」については、前回「可也山」で述べた。ニニギはそこで土地の長老・長狭に会い、コノハナサクヤヒメを見初める。

狭域だった日向三代神話の地

『記紀』が伝える日向三代の神話は、こうしてはじまるのであるが、その舞台は意外に狭域である。狭域であることが、また、いかにも説得力をもっているように思われる。

ニニギを案内したサルタヒコとウズメがその後引きこもったイセのナガタ、コノハナサクヤヒメがヒコホホデミを抱いて眠らせたというコモリイシ、ヒコホホデミが兄から借りた釣り針を鯛にのまれたというアカセ、産屋の完成前にウガヤフキアエズが生まれたというウブヤアト……糸島は本当に神話の里である。

芥屋に行くたびに通る横浜から元岡を抜ける丘つづきの道は、途中に、博多地ビールの醸造元があるのも、私としては嬉しい。

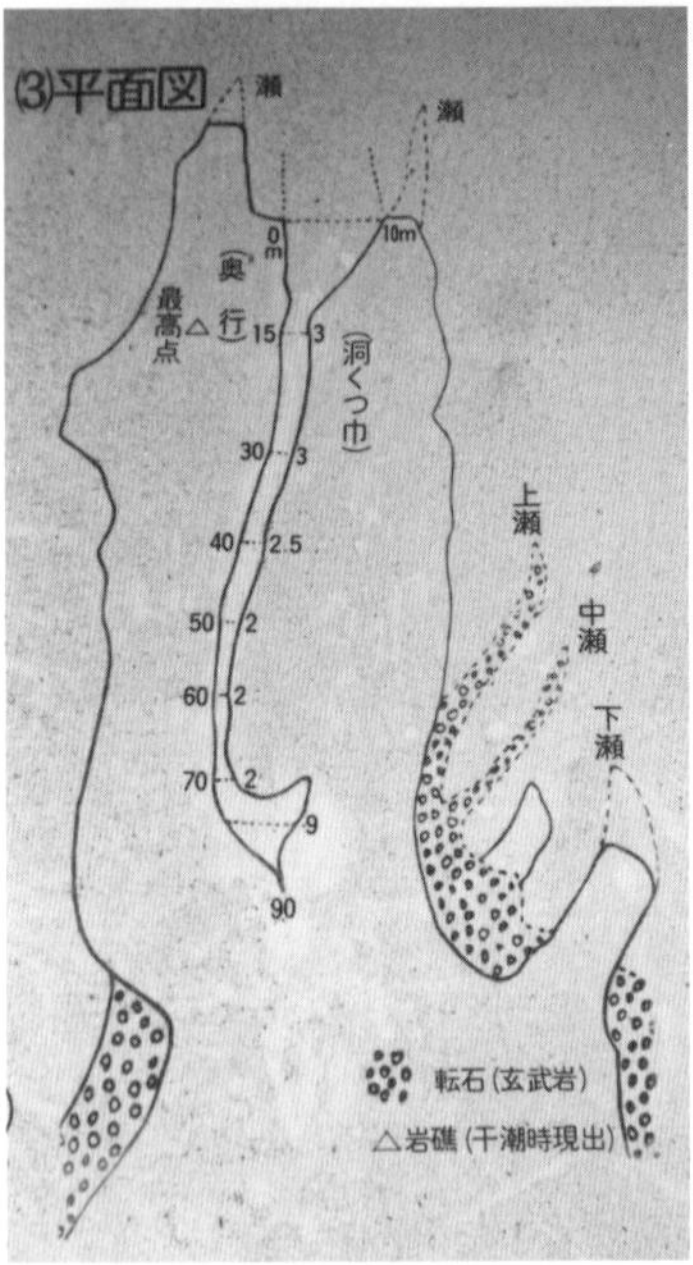

芥屋の大門の断崖。高さ 64 メートル。玄武岩の柱状節理が美しい。海蝕洞は奥行き 90 メートル。ここには黄泉の国にイザナミを訪ねて逃げ帰ってきたイザナギが祓ぎ除いをした「筑紫の日向の小門の檍原」であるとする伝承がある。左はその海触洞の平面図。

志賀島の金印（一）

糸島半島の話は三回にわけて紹介したが、その糸島半島とともに博多湾を抱くように延びているのが海の中道で、志賀島はその先端にある。

周囲は約十一キロ、南北に長い楕円形で、島内には、古代から海の守り神として崇敬をあつめた志賀海神社や元寇の蒙古塚、金印公園などがある。

金印は、後漢、光武帝の建武中元二（西暦五七）年、倭国が中国に奉貢朝賀したときに貰ったものである。天明四（一七八四）年の旧暦二月、志賀島村の百姓甚兵衛が畑仕事の最中に発見したという。印に刻まれているのは「漢委奴国王」だが、委は倭に通じるから、普通「漢の倭《わ》の奴《な》の国王」と訓《よ》まれている。

「ワのナ」と分けて訓めるか

ただし、この訓み方について異論のあることも有名である。

委と奴を分けて訓む訓み方は、明治の三宅米吉という学者が提唱した。しかし、本居宣長でさえ、委奴をつづけて訓んでいる。また、「倭奴」が倭人の差別的総称であるのに対して、「倭の奴」は広域の倭国の中の「奴」という一つの国である。中国の天子が、夷蛮の国王に印綬を与えるとき、それは、直接その国王と自分との統属関係を刻むのであって、中間に、印綬を受ける国が所属する国名を挟む例はない。だから、漢の印制に反する、というのが古田武彦氏の説である。

やはり、これは委奴であって、委の奴ではないだろう。三宅は邪馬台国近畿説であったから「委＝倭＝ヤマト」のイメージを金印の中に持ち込んで、これを「漢の匈奴の悪適尸逐王」の銅印と同じように訓んだのだろう。だが、悪適尸逐は国名ではない。匈奴の部族の固有の王号である。倭奴の奴は匈奴の奴と同じように切り離しはできない。

後漢書の「倭国之極南界也」の訓み

ところで、夷蛮の倭国が、なぜ、こんな破格の金印紫綬を貰ったのだろうか。委奴国王が印綬を賜った記事は『後漢書』に記録されているが、このことについても、『倭人も太平洋を渡った』の著者古田氏は、その件《くだり》を次のように訓んでいる。

建武中元二年、倭奴《ゐど》国、奉貢朝賀す。使人自ら大夫と称す。倭国の南界を極むるや、光武、賜ふに印綬を以てす。（中略）女王国より南四千余里、朱儒国に至る。人の長、三四尺。朱儒国より東南、行船一年にして裸国、黒歯国に至る。使駅伝えるところ、此《ここ》に極まるなり。

つまり、倭国は、船で一年もかかる南界の裸国や黒歯国（南米エクアドル）を極め、その間の事情を中国に報告した。この功績に対して光武帝は倭奴の国王に破格の金印を与えたというのである。

ほかの学者は今でもこの件を「倭《わ》の奴《な》国、奉貢朝賀

志賀海神社

す。使人自ら大夫と称す。倭国の極南界なり。光武、賜ふに印綬を以てす」と訓む。自分で、そう訓みながら、倭国の極南界なりとは何だろう、と頭を傾げている。

ともあれ、「漢委奴国王」や「倭国之極南界也」の訓み方一つで、解釈もこれほどかわってくるところに古代史の難しさがあり、面白さもある。

現在、金印公園になっている場所は、鴻臚館跡を発見した中山平次郎が、甚兵衛の口上書なるものによって比定したが、これにも異論が少なくない。甚兵衛の口上書とはいうものの、その肝心の甚兵衛が志賀島の「岡方過去帳」には記載されてない。

志賀島の金印のほんとうの謎は、いつ、誰が、どこで見つけたかである。

志賀島の金印（二）

志賀島から出た金印が、後漢の光武帝から贈られた紛れもないものであることは、寸法とか、重さとか、様式とか、科学的測定によって判定された。しかし、出土の経緯には不確かなことが少なくない。近年、福岡市の教育委員会がひと夏かけて、金印公園の周辺や、ここぞと思われるところを徹底的に発掘調査したが、確かにここから金印が出たと考えられるような確証は発見できなかったという。甚兵衛の口上書なるものは果たして信用できるのだろうか。

「甚兵衛」口上書のナゾ

そういえば、発見から口上書が提出されるまでの日数が経ちすぎている。三週間もの間、甚兵衛は、金印を商人に見せて値踏みさせたり、百両の買い手がついたりで、噂は大きくなるばかりであった。最初は、あわよくば売りとばすことも考えていたと思われるのに、ついには志賀海神社に奉納したいと働きかけたりしている。しかし、今度は宮司の方が、さわらぬ神にたたりなしと考えたのか、神慮にかなわないとして断ってしまった。その段階になって、郡庁から問題の金印を提出せよと命じられたのである。だから、口上書には、一点もやましいことがあってはならない。ひたすらお咎めのないようにと、それが庄屋以下、連判した組頭たちの本音だったろう。

この甚兵衛なる人物を追跡調査した人がいるが、寺の過去帳にはついに甚兵衛の名前は見つからなかった。わずかに残っていた名寄帳に一カ所だけ甚兵衛の名前があったが、それは孫次の名を朱墨で消して甚兵衛と訂正してあった。何のための訂正かは書かれてないので、いかにも心細い。

だからといって、黒田家文書の中のいわゆる甚兵衛の口上書が偽作だというわけではない。甚兵衛の口上を覚え書きにした庄屋武蔵や連判した組頭の吉三・勘蔵、それを提出させた役所の津田源次郎の実在も証明されている。ただ、どうも、本当に金印は甚兵衛が叶の崎の田の中から掘り出したのかどうかは疑わしいのである。

出所は田の中か

当時、博多の超一流の文化人といえる仙崖和尚の小幅には「志賀島の農民秀治・嘉平が叶崎より掘出す」と書かれており、その筆跡は確かに仙崖七十歳前後のものであるという。また、写本『万暦家内年鑑』にも「天明四年二月二十三日志賀島小路町秀治田を墾し大石ノ下ヨリ金印を掘出」とあるという。そして、ここに出てくる秀治は岡方過去帳で、嘉平は文政三年の勝馬村の古文書で確認できている。

甚兵衛の口上書の冒頭を仮名混じり読み下し文に直してみると次のようになる。

わたくしの抱え田地は叶の崎と申す所にて田ざかいの中溝の水行悪しく御座候につき、先月廿三日、右の溝かたを仕直し申すべしとて、岸を切り落とし居り申し候処、小き石、段々に出で候うち、弐人持つほどの石、之あり、かな手子にて掘りのけ申し候処、石の間に光り候もの、之あるにつき……

口上書には、弐人持つほどの石とあるので、これは甚兵衛が一人で抱えたものではなかったろう。甚兵衛は小作人か作男二人を使って仕事をしていたのではなかろうか。その二人というのが秀治と嘉平なら辻褄が合う。ということで、通説では、甚兵衛が小作人を使って作業をしていたことになっている。しかし、秀治は志賀島村の小路町に住みながら作男をしていたのだろうか。嘉平は勝馬村の本百姓なのに、隣村の小作人として働いたのだろうか。さらに、甚兵衛の叶の崎の抱え田地とは、叶か、小叶か、叶浜か、大叶か。ますます分からない。教育委員会は勝馬の中津宮の境内にある石棺跡も調査したそうである。金印の出所としては田の中よりもお宮の境内の方がもっともらしい。

最近、官僚、財界、政界の癒着が著しく、事の真相を隠蔽して八方丸く収めている事件が目に付くが、私は甚兵衛の口上書もその口かも知れないと考えることがある。

志賀島の金印（三）

これまで、二度にわたって金印について書いた。今回必要な部分だけを要約すると、次のようになる。金印は今のところ、天明四（一七八四）年旧暦二月二十三日、志賀島の甚兵衛が叶の崎の田の中から掘り出したということになっている。しかし、これを実証すると思われる形跡は見あたらない。甚兵衛の口上書を偽作とはいわないが、その内容はたぶんに真相を隠した可能性がある――。

では真相はどうなのか。これが今回のテーマだ。

カナインハバ

この金印の出所を今も執拗に追跡している人がいる。私たちの古代史の会のメンバーである灰塚照明さんがその人である。

「あれは小字《こあざ》カナインハバから出たともいうんですよ。気になる地名でしょう?」

ハバは辞書を引くと岨《はば》で、方言、傾斜地とあり、群馬・山梨・長野・岐阜の例が載っている。九州にも数カ所あるそうで、カナインは金印《かないん》であろう。すると、カナインハバは金印傾斜地という意味になり、これは容易に無視するわけにはいかないだろう。金印が出たからカナインハバと呼ぶようになったのか。であれば、その地名は現在も残っていていいはずである。しかし、それは残っていない。それとも、金印に関する何らかの伝承があって、カナインハバと呼ばれる地名がすでにあった、そのカナインハバから金印が出土したのか。後者の場合なら、金印はもうそこにはないのだから、地名もなくなって当然である。

「どっちですか」

「それが分かりません。福岡県の文化財調査報告書で読んだんですがね、志賀島に関するところに、宮崎大門《おおかど》が何日も泊まりがけで志賀島の古伝を調べたと書いてあるんですよ」

そういえば、宮崎大門には『志賀島古伝抄』という著作がある。彼は文化・文久の頃の筑前志摩郡の神官で、一八〇五年生まれ、一八六一年没、博学をもって知られた人である。諸派の仏僧と宗教問答をしたとき、誰も大門を論破できなかったので「大門が、かどまっかくに説くときに、どたん坊主もはいはいとなる」とまで歌われた。その大門が志賀島の坂本家に泊まり込んで家伝の古文書を調べたところ、そこにカナインハバという古い小字名があった。それを見て大門は、金印はカナインハバから出たと記録したというのである。

志賀宮の坂本家

明治になってから坂本家は家名を旧に戻して安曇に改めた。明治以前も代々志賀宮の神官をつとめていたが、世を憚って安曇姓を名乗らなかったというわけである。

「なぜなの？　安曇は自分の姓を名乗るのを、なぜ憚らねばならなかったの？」

「志賀海神社は、いまでこそ普通に神社と呼ばれていますが、宮《ぐう》ですよ、宮。今の場所に遷る前は、勝馬にあって、その跡を土地の人は古宮《ふるみや》と呼んでいます。勝馬の鼻先に引き潮になると海割れがして徒歩で渡ることのできる沖津島がありますが、そこに沖津宮、それから中津宮、辺津宮。宗像さんと同じ構成になっています」

明治になってから天皇にかかわる社が神宮、皇族にかかわる社が宮と限定されたが、天皇家が日本の最高権力者になる以前、安曇家の先祖・安曇磯羅は九州の大王の皇族格だったのである。九州では、九州の大王や皇族格にかかわる社には、おおむね宮がつけられている。安曇が安曇姓を名乗らなかったのは天皇家の皇族に憚ってのことだったろうが、社は志賀宮の名を残していた。明治以後、社の名まで取り上げられたので、せめて姓ぐらいは遺したいということで旧姓に復したのであろう。

「では、大門の見たという古文書をもう一度見て、前後の記事から、カナインハバが天明以前からの小字であったかどうかを調べればいいわけですね」

「それが難しい。直接、安曇宮司にお願いしてみましたが、今となっては、その古文書がなかなか見つからないんだそうです」

「ふーん」

私は唸るだけである。

印鑰神社

「ところで、印鑰《いんやく》神社というのをご存じですか」

「知りません」

「なぜか、西海道に多い。六カ所もあるとされていますが、私が調べたところ、福岡県には少なくとも三十一社以上あります」

辞書を引くと印鑰は印鑑と鍵とある。

灰塚さんによると、お宮の大事な印鑑や鍵を保管した庫が独立して社になったものではないかという。宮《みや》は九州でも、もともと王者が居住する宮殿《みやどの》であった。宮殿には王者の大事な印鑑や鍵を保管する庫が付属して建てられていた。次の王者が新しい宮殿を建てて移ると、居住者のいなくなった宮殿は壊され、やがてそこに神宮が建てられる。印鑰庫は小さな摂社として残される。そういう習慣のなかった地方には神宮も印鑰神社も少ない。近畿で印鑰神社の名前を聞いたことはない。

ともあれ、灰塚さんの推理では、後漢の光武帝からもらった金印は実用品である。後漢が滅びるまで有効だったはずである。一代限りで、それを貰った王者の墓に副葬したりするはずはない。金印は実用するに当たって、外国と交渉する船便を掌握していた皇族格の安曇家に、その管理一切が任されていたのかも知れな

志賀海神社境内に祀られた印鑰神社（次頁に注記）

い。後漢が滅びてからは実用価値がなくなったのだから、大王家に戻すのが筋ではあるが、それがそのまま安曇家の印鑰神社におさめられた可能性はある。または、最後に使用した当事者の墓に副葬されたかも知れない。したがって、志賀島の金印は、田の中から掘り出されたものではなく、印鑰神社か墓から盗まれたのかもしれない。それをありのまま調書にとれば、甚兵衛はもちろん、庄屋の武蔵も印鑰神社の管理責任者もお咎めは免れないだろう。それで、一同談合の上、誰もお咎めのない田の中の工事をでっち上げたのだろう、と。

灰塚さんの推理は、金印が副葬されていたのであれば、そこがカナインハバ。ただし、それがどこであったかは分からない。印鑰神社の御神体として伝えられていたのであれば、志賀海神社の摂社印鑰神社については、青柳種信の『筑前町村書上帳』が志賀島村馬場町にあったと記録している。

◎境内の印鑰神社は坂本宮司によると、大嶽神社にあったものをここに移したのだという。「戦争の時、弾除けのために人々は祈った」と。社の横の説明板には「祭神　久那土神　天磐楠船神　迦具土神の三神であり、御神徳は入口の神として邪悪を祓う。雁の巣にあった航空隊の奉安殿移築とともに合祀された社」とあり、印鑑と鍵についての記述はない。（加茂）

九州の難波（一）

古代への旅7

難波を舞台とする歴史は『古事記』『日本書紀』の中にかぞえきれないほどある。神武、垂仁、景行、神功、応神、仁徳、履中、允恭、清寧、仁賢、継体、安閑、欽明、敏達、崇峻、推古、舒明、皇極、孝徳、斉明、天智、天武、持統まで、これらの年紀には、何らかの形で難波の文字が記載されている。そして、難波といえば大阪。大阪といえば近畿。昔からこれを疑う人は誰もいなかった。岩波の大系本もそのように注釈している。

ところが、難波は、そのように近畿にしかなかったものだろうか。難波が何処にあるかによっては、そこを舞台にして繰り広げられる歴史は大きく染め変えられる。そこで九州の難波探しが始まったのである。

荒の潟、田島の奥に「筑前の難波」

まず、見つかったのは「筑前の難波」であった。これは私たちの会の会員である灰塚照明さんが、明治前期地誌資料『全国村名小字調査書』の中から、筑前国早良郡片江村字難波を見つけだした。現在の福岡市城南区片江の近くで、付近には難波池もあるそうである。

弥生時代の博多湾は、真ん中に赤坂台地が突きだして東西に二つの潟が食い込んでいた。東の潟が那の潟で、潟には簑島が浮かんでいた。西の潟が荒の潟で、潟には田島が浮かんでいた。難波は田島の奥にあった津と考えられる。

すると、今度は、現在の行橋市が難波のミツの港ではなかったかという情報が入ってきた。福岡市城南区の難波を「筑前の難波」とすれば、

福岡市城南区にある「難波」池。向かいが「片江」で奥の高速道路を右に渡って降りたところが「堤」

行橋市の難波は「豊前の難波」とでもいうべきだろうか。
こちらの発見者は堺市にお住まいの大芝英雄さんという古代史研究家である。この大芝さんの豊前の難波発見に至るまでの経緯が面白いので紹介したい。

周防灘沿岸に「豊前の難波」

大芝さんは『紀』の安閑紀に次のような難波の記事があることに注目した。

（二年）九月の甲辰の朔……丙辰に、別《こと》に大連に勅して云はく、「牛を難破の大隅嶋と媛嶋松原とに放《はな》て。冀《ねがは》くは名を後に垂れむ」とのたまふ。

ということは、この難波（破）には、大隅嶋と媛嶋の存在が必須条件になると大芝さんは考えたのである。
一方、岩波大系本の頭注は、これを地名辞書によって、大隅嶋＝大阪府西成郡北中島東部（大阪市東淀川区西大道町・南大道町）、同じく媛嶋＝西成郡稗島村（大阪市西淀川区姫島町）に比定している。この岩波の頭注が通説によるものであることはもちろんであるが、大芝さんは、この比定地が、古代においてほんとうに大隅嶋や媛嶋だったとする根拠は乏しい、と判断したのである。大道がなぜ大隅なのか。稗島がなぜ媛嶋なのか。

では、大芝さんが比定する難波とはどこかというと、これは周防灘を抱えるような形で、北は関門海峡の先端から南は国東半島の先端に至る全長約八〇粁の大円弧状の海岸である。

ここが難波であれば、媛嶋は国東半島の豊後姫島であろう。また大隅嶋は、関門海峡の南岸を構成する企救《きく》半島の沖に軽子島があり、その前面の三方を山に囲まれた陸地部であろう。そして、この比定の根拠としては、次の三つの記事を挙げている。

①『紀』の応神紀二十二年三月に「天皇、難波に幸《いでま》して大隅宮に居《まし》ます」とある。

②『記』に「品陀和気命、軽島の明宮《あきらのみや》に坐《いま》して天の下を治らしめき」とある。

③『続紀』その他に「軽島の豊明宮」とある。

以上から、

応神―難波―大隅―宮（『紀』）

品陀和気―軽島―明宮（『記』）

　豊―軽島―明宮（『続紀』）

軽子島に近い軽島＝大隅、軽島の明宮＝大隅宮の等式を抽出した。

こうして抽出された大隅嶋は、企救半島の周防灘沿岸陸地部で、周囲を海に囲まれた海中の島ではないが、通説が軽島に比定する大和国高市郡久米郷（奈良県橿原市大軽町）も

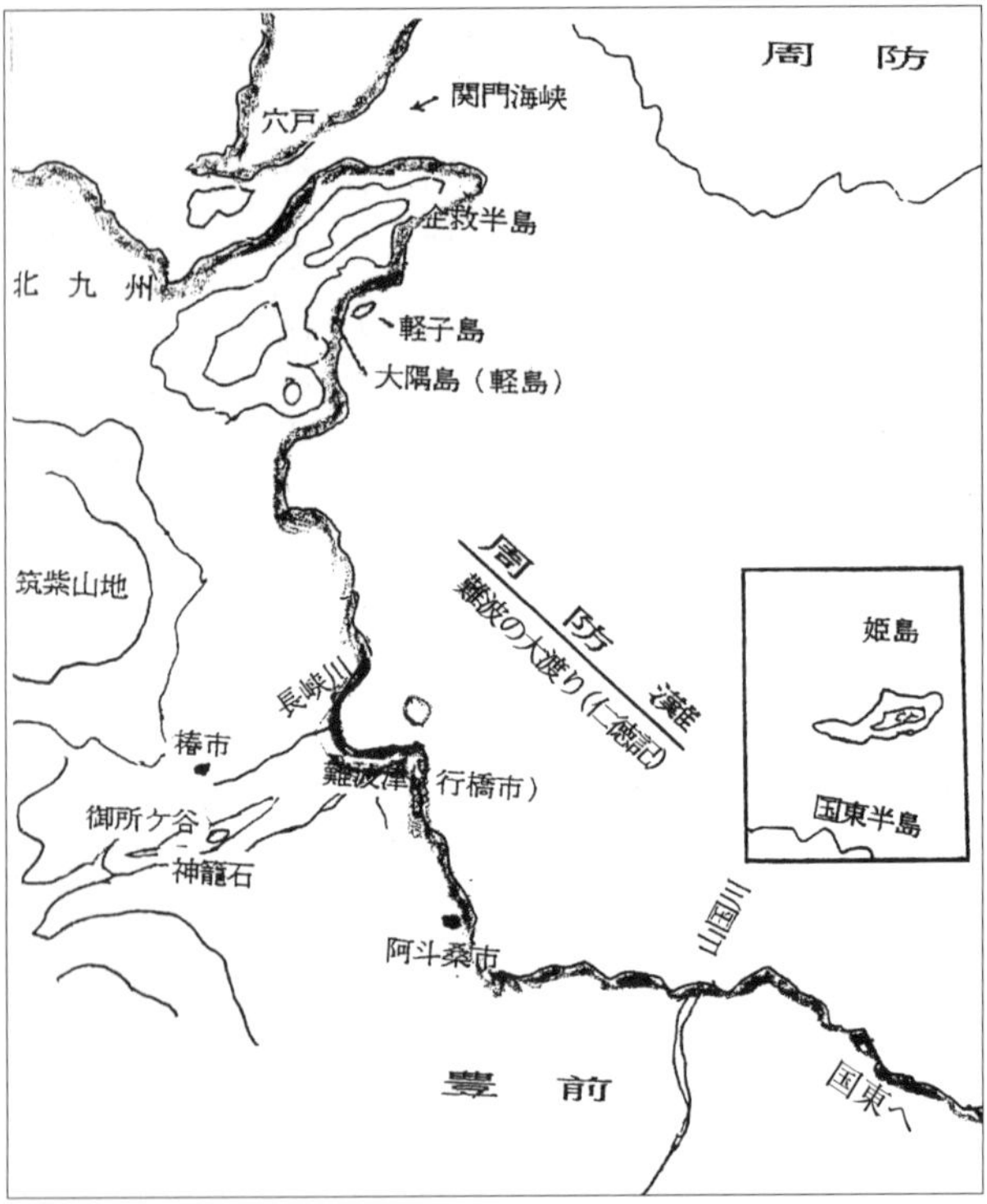

豊前湾岸図（大芝英雄『大和朝廷の前身 豊前王朝』より）

海中の島ではない。この比定には「島は、必ずしも海の中ならねども、周れる限りのある地を云」という本居宣長の『記伝』の説があるから、「周れる限りのある地」としての島の条件は、企救半島の大隅比定地も満たしているという、非常に回りくどい筋を立てている。

　私は結論として、大芝さんの豊前の難波説を否定するものではないが、こんな複雑な

筋立てには賛成しない。ことは意外に簡単に説明できるのである。

まず媛嶋であるが、豊後姫島は全島で一村。東国東郡姫島村で、ここには現在も松原という字名が残されている。しかも、これは戦後になってからの産業かもしれないが、姫島産の食用牛は美味で知られている。姫島の畜産業には、古い伝統があったのではなかろうか。


「海曲、之を島と謂ふ」


また、大隅嶋は、大芝さんの指摘にもあるように海中の島ではない。それをあえて島とする根拠としては、『記伝』の説の引用より、『尚書』の「島夷皮服」の注の方がより適切であると考える。つまり、「海曲、之を島と謂ふ。海曲、山有り、夷は其の上に居す」の注である。辞書には、海曲＝海隅とあり、海隅の隅は大隅の隅でもあるからである。

軽子島のある企救半島の周防灘沿岸を地図で探査すると、北端の部崎から順に白野江、大積、喜多久、柄杓田、伊川、猿喰、畑というような小さな海隅が並んでおり、そのうちの大積はひとまとまりの海隅としては最も広く、川も流れている。

大積オホヅミはオホツミのツが濁音化したものだから、大隅オホスミにつなぐのは無理だと言われるかも知れないが、『企救郡誌』によると大積の表記は十五世紀までさかのぼれる。

畑村ノ北西玉泉寺境内ニ碑石古松アリ。石垣之ヲ繞ル。大積上総介ト称ス。文明年中本郡大積村丸山ノ城主ナリ。……村民現今大積氏ノ牌名ヲ尊テ、牛馬疾病消除ノ神符トナス。其事由不詳。

ここに牛を放ったことを転記した『紀』の成立から十五世紀までの間に、大隅オホスミが大住オホスミと書かれたり、大住オホズミと読まれたりしたのちに、大積オホヅミが土地の名としても人の名としても定着したのかも知れない。しかし、古くから放牧地とされていたという伝承は口伝てにつたえられ、その事由は不詳ながらも、大積氏の牌名をしるした神符は牛馬の疾病に御利益ありと信じられたのかも知れない。いまも、この狭い大積地区に牧場が二つもある。一つは長谷川牧場といい、もう一つは住田牧場という。

また、岩波大系本の注は、安閑紀の大隅嶋を大阪市東淀川区の西大道町・南大道町に比定しているが、応神紀の大隅の宮は、『摂津志』に「西成郡大隅宮、古蹟は西大道村に在り」とあり地名辞書には「今、東淀川区東大道町・西大道町」とある、とやや混乱を見せている。いずれにせよ、大隅に結びつける大道は『摂津志』から拾い出されたものらしいが、豊前の企救半島にも小字名大道は不思議に多い。明治前期地誌資料『全国村名小字調査書』を調べてみると、大里村南大道、畑村大道、足立村大道端、馬場大道上、湯川村平場大道上、平場大道下、葛原村大道上、大道下、下曽根村大道などがある。

以上のように媛嶋、大隅嶋を比定すると、その間の八〇粁を難波だとする大芝説は一概に無視することはできない。神戸から大阪・岸和田を経て加太瀬戸

（上）周防灘沿岸・企救半島の付け根の軽子島。手前は埋立地（下）門司の天疫神社

に達する大阪湾の海岸線も約八〇粁である。では、豊前難波の海岸の中で、難波津とは何処なのだろうか。

三つの川の河口が「三津の浦」

大芝氏は、それを現在の行橋市に比定している。その根拠は、ここには長峡《ながお》川、今《いま》川、祓《はらい》川が流れていて、その長峡川の流域にこそ、『紀』の景行紀のいう長峡県の行宮はあったはずだし、それがいわゆる難波の宮だろう。中流には椿市《つばきいち》（海石榴市《つばきち》）もあり、上流には御所ヶ谷山城もある。三つの川の河口が三津ミツの浦で、難波の御津ミツの浜、美津ミツの浦というのは、この行橋の河口にあった津の地形からきた地名だろうというのである。しかし、まだ、直接、難波に相当する地名には遭遇していないようである。ただ、正倉院文書に残る豊前の大宝戸籍には難波部がある。

難波の背後にミヤコあり

『紀』の景行紀にでてくる長峡《ながを》の行宮が、行政単位として現在でも使われている京都《みやこ》郡のミヤコの根拠だという説もあるが、景行が南九州を遠征したという記事には矛盾が多すぎる。しかも、遠征の途中で、一時、とどまっただけの行宮の在所をミヤコと呼ぶのなら、南九州はミヤコだらけになるだろう。近畿の難波の背後には近畿のミヤコがあった。九州の難波の背後にも九州のミヤコがあったのではないか。

周辺の遺跡、廃寺、地名、伝承を総点検する中で、大坂山、御所ヶ岳、大王、御幸、女帝、御所坂、御所塚、御所山、御所原、中小路、女官、などの地名が語るものは何であろうか。

九州の難波（二）

古代への旅8

筑前の難波津が現在の福岡市城南区片江の近くにあり、付近には難波池もあることは前回書いた。これは地名からさかのぼって推定した古代の難波津である。

弥生時代の博多湾は、真ん中に赤坂台地が突きだしており、東西に二つの潟が食い込んでいた。東の潟が那《な》の潟で、潟には簑島《みの》が浮かんでいた。西の潟が荒《あら》の潟で、潟には田島《たしま》が浮かんでいた。難波は田島の奥にあった津と考えられる。

それに対して、豊前の難波津は『書紀』の安閑紀から割り出して推定されたものである。

米田良三「博多論」

ところが、つい最近、発売になった『列島合体から倭国を論ず』（新泉社）という本を読んでいたら、著者の米田良三氏は、博多湾の東の潟にも難波津があったと主張されている。米田氏は東京工大建築学科卒業の建築家である。古代の建築をとおして歴史の真実を探り出す、その目にはなかなか鋭いものがあり、すでに『法隆寺は移築された』『建築から古代を解く』などの著書がある。

今度の『列島合体から倭国を論ず』に収められている「博多論」も、古代築造の痕跡から推理した難波津比定論である。

仁徳紀・難波高津宮説の矛盾

氏は『書紀』の仁徳紀にある次の土木築造記録から難波津を探し出す。

十一年の夏四月の戊寅の朔甲午に、群臣に詔して曰はく、「今朕、是の国を視れば、郊《の》も沢も曠く遠くして、田圃《たはたけ》少く乏し。且《また》河の水横《よこさま》に逝《なが》れて、流末《かはじり》駃《と》からず。聊《いささか》に霖雨《ながめ》に逢へば、海潮《うしほ》逆上りて、巷里《むらさと》船に乗り、道路《みちおほち》亦泥《うひぢ》になりぬ。故、群臣、共に視て、横なる源《うなかみ》を決《さく》りて海に通《かよは》せて、逆流《さかふるこみ》を塞ぎて田宅を全《また》くせよ」とのたまふ。

冬十月に、宮の北の郊原《の》を掘りて、南の水を引きて西の海に入る。因りて其の水を号《なづ》けて堀江と曰ふ。又将《まさ》に北の河の澇《こみ》を防かむとして、茨田堤《まむたのつつみ》を築く。……

これをよく読むと、どうしても仁徳の難波の宮が大阪にあったとは考えられないというのである。

現在、通説として認められている仁徳の難波高津の宮は、日下雅義氏の『古代景観の復原』（中央公論社）の図に示されているものとみて間違いないが、この図（143頁）は、仁徳紀十一年の四月の条は満足させても、十月の条と矛盾する。

すなわち、四月の条では「いま、この国を眺めると、土地は広いが田圃は少ない。河の水は水はけが悪く、長雨にあうと潮流が逆流し、村人は船に乗り、道路は泥に埋まってしまう。群臣は、これをよくみて、掘り割りを掘って溢れた水を海に通し、逆流を防いで田や家の安全をはかれ」というのだから、別に問題はない。しかし、十月の条では「宮の北の野を掘り、南の水を導いて、西の海に入れた。それで、その水を堀江といった。北の河からの塵埃を防ぐために茨田の堤を築いた」というのだから、地理的に説明不可能な部分が出てくる。

難波の堀江は宮の北に当たる。そしてその水は西の海に流れる。これはいい。しかし、

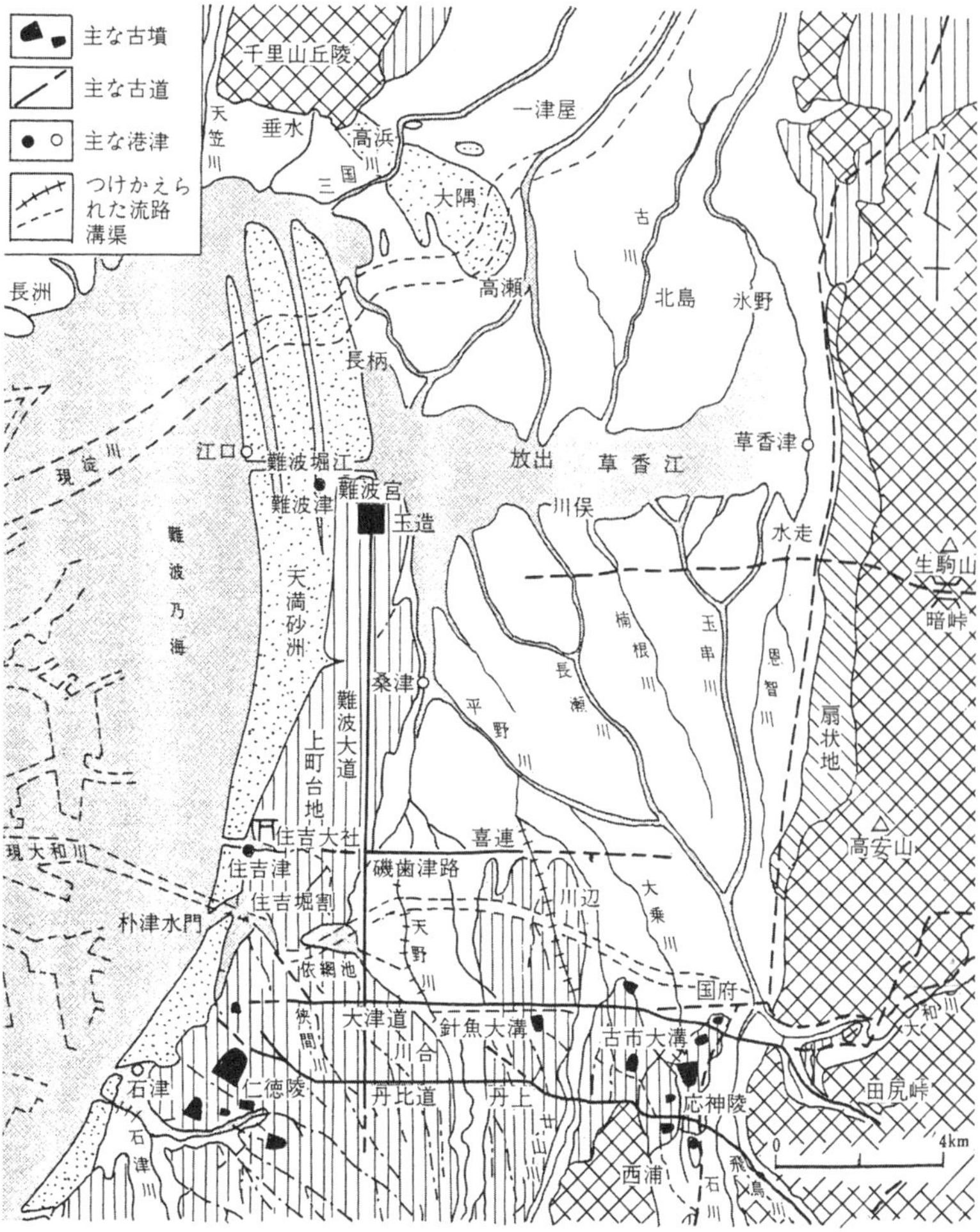

7～8世紀ごろの難波とその周辺（日下雅義『古代景観の復元』より）

その西に流す水は、南の水というより、東の水ではないか。北の河からの塵埃を防ぐために築いた堤の復原は未確定だとしても、これでは南の水を西に流したとはいえない。だから、大阪の難波の宮は、仁徳紀の記事を満足させることはできないと言うのである。

では、米田氏は、どこならば、この条件が満たされるというのかというと、それが、博多の東の潟にあった、現在の住吉神社から櫛田《くしだ》神社、承天寺《じょうてんじ》のあたりを舞台にすると復原可能だと、『石城志《せきじょうし》』所載の博多古図や住吉神社所蔵の博多古図を現在の地図に重ねながら説明している。

二つの博多古図による検証

米田氏は、まず、『石城志』所載の博多古図（図Ⓐ）から、図①をつくる。また、住吉神社所蔵の博多古図（図Ⓑ）から図②をつくる。そしていう。

鎌倉時代の図①より図②の方が古い時代の図である。なぜならば、図②には、まだ簑島が陸地化していないし、長浜から須崎《すさき》に伸びる砂嘴の内側が潟として描かれている。にもかかわらず、比恵《ひえ》川の河口は堅粕《かたかす》からほとんど直角に冷泉津《れいぜんのつ》にそそぎ込んでいる。これは自然の河口とは思われない。自然の河口は図③のようであったろうと考えられる。

この辺りが図③のようであれば、長雨にあうとここから潮流が逆流し、比恵川流域の村人は、雨の度に船に乗り、道路は泥に埋まってしまう。だから、掘り割りを掘って溢れた水を海に通し、かつ逆流を防いで河口を閉じて田や家の安全をはかった。それが図②である。もし住吉神社の東に難波高津の宮があったとすれば、宮の北を掘り、南の水を導いて、西の海に入れた、それで、その水を堀江といったという記事が納得できる。明治時代の地図では、この辺りを出来《でき》町、文久年間の地図では「此辺古屋堀ト云《いふ》」と書かれている。

また、北の河からの塵埃を防ぐために築いた茨田の堤というのは、長浜から須崎にかけて伸びた砂嘴を堤のように築堤したのではないか。この堤がないと、赤坂台地の西の入り江には樋井《ひい》川その他の水が流れ込み、その水と一緒に塵埃が北から回り込んでくる。

その後、西の海は那珂《なか》川、四十《しじゅう》川によって吐き出される土砂の堆積で小さくなり、大雨の時には比恵川も合わせて三本の流れの水量を処理できなくなってしまう。比恵川は溢れて再び北流し、袖《そで》の湊《みなと》の中に小さな中州ができた。それが図①の濡衣《ぬれぎぬ》島である。

博多湾は、昔から天然の良港だったというわけではない。むしろ、必要上、人工の良港を作り上げたのである。だから、『筑前国続風土記』にも、

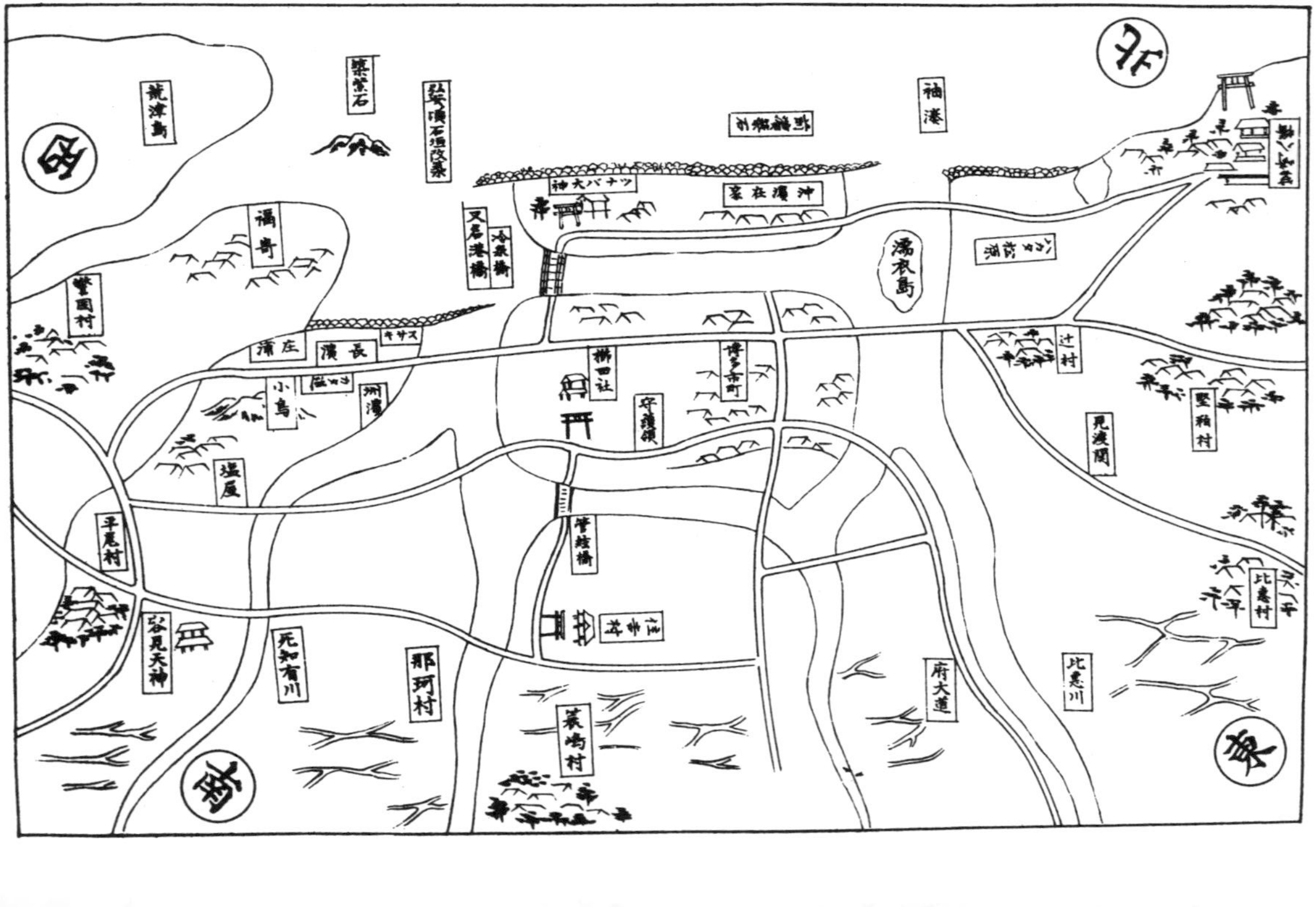

図Ⓐ『石城志』所載の博多古図

図① 『石城志』の博多古図Ⓐを現在の地図に重ねた図

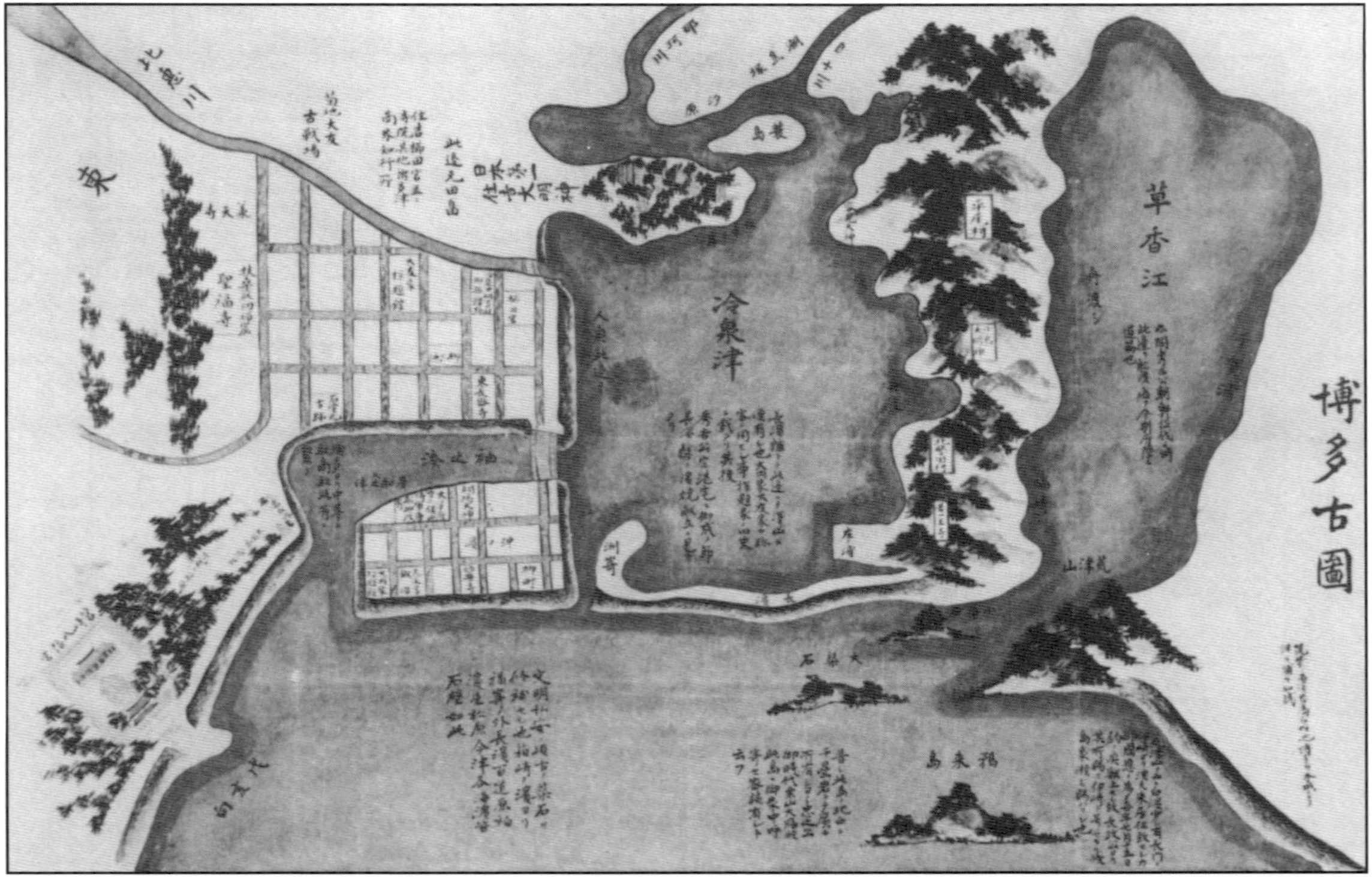

図Ⓑ　住吉神社所蔵の博多古図（明治時代に奉納の絵馬の博多古図の複製）

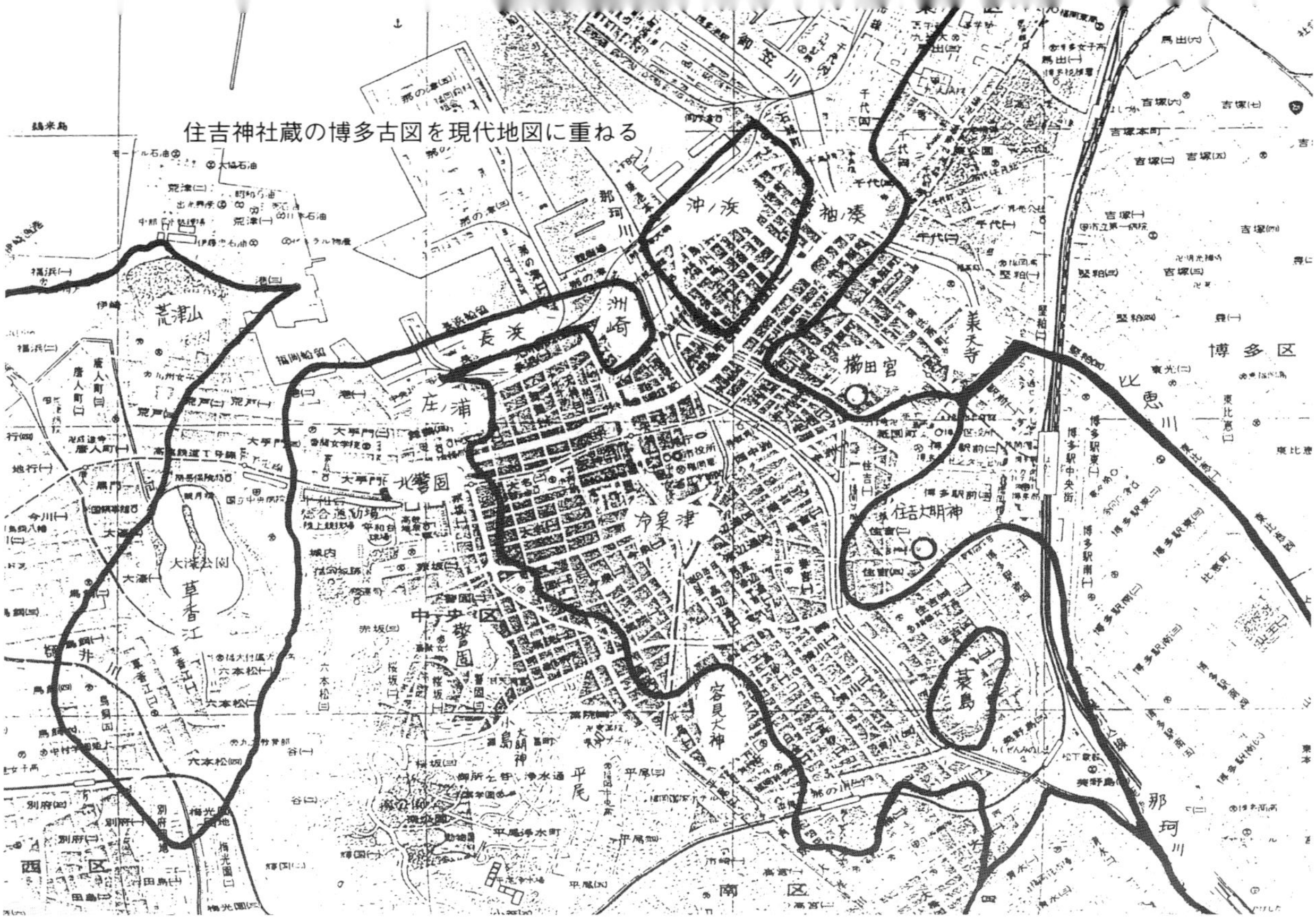

図② 住吉神社蔵の博多古図Ⓑを現代地図に重ねた図

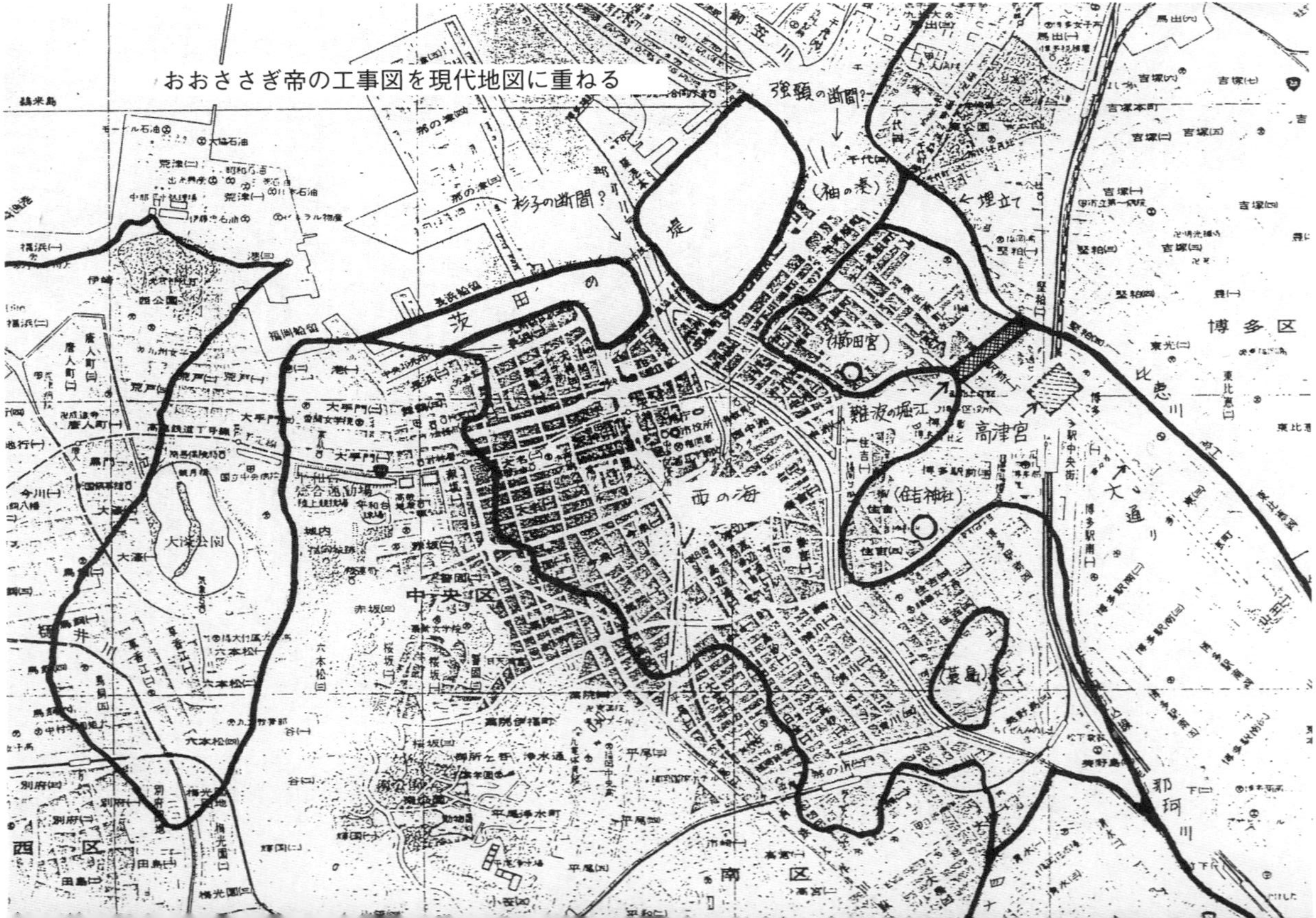

図③「難波の堀江」掘削と「比恵川の河口閉塞（埋立て）」および「茨田の堤」築堤工事の草案図を現代の地図にかさねたもの

昔は袖の港ありて、唐船も来り止まる程なれば、客船のわつらひなし。近代袖の港あせてうつもれしより、客船をつなくへき湊なくして、風波のなやみ多く、旅人のわつらひすくなからす。

とある。風波の悩み多いここが難波と呼ばれても何の不思議はない。ここが仁徳時代の難波であれば、仁徳紀十一年の土木築造記事は十分納得できるというのである。

思わず、なるほどと思ってしまう「博多論」であるが、問題は『石城志』の古図（図Ⓐ）であろう。中山平次郎の博多古図論によれば、これを信用して古代の博多を考えるのは危険であるという（中山平次郎『古代の博多』第三章「博多古図」、九州大学出版会）。それを知りながら、あえて米田氏の難波津博多論を紹介したのはなぜか。それについては、次回に書く。

古代への旅9

九州の難波（三）

米田良三氏の難波津博多論は、実は『法隆寺は移築された』（新泉社）という氏の持論の延長線上に浮上してきたものである。だから、首尾を一貫させるためには、まず、この法隆寺移築論から話さなければならないが……。

それは一口で言うと、こうである。

法隆寺移築論

大和斑鳩の法隆寺は一旦、全焼した。『書紀』はこのときの火災を、天智天皇の九年（六七〇）「夏四月、癸卯朔の壬申、夜半の後、法隆寺に災あり。一屋余す無し。」と書いている。それを再建するとき、建物すべてを新しく立て直すのではなく、五重塔と金堂は太宰府の観世音寺から移築した。このことを、氏は法隆寺の解体修理報告書や資材帳の詳細な検討を通して立証した。これが米田氏の法隆寺移築論である。

このとき、解体修理報告書の中に、五重塔の初層東の天井組子の裏に墨書による落書きがあったことが報告されており、それは当初「奈□□□□□□己」としか判読できなかった。それが、あとになって赤外線写真で見ると「奈尓波都尓佐久夜己」と読むことができたのである。これは「ナニワヅニサクヤコ」である。すると、この落書きは

難波津に咲くやこの花冬ごもり今は春べと咲くやこの花

という、あの有名な短歌のお手本とされた一節ではないだろうか。

とすると、この歌には「おほさゝぎのみかどの難波津にてみこと聞こえける時、東宮を互ひにゆづりて位につきたまはで三年になりにければ、王仁といふ人のいぶかり思ひて、よみたてまつりける歌なり」という古注があることから、太宰府・観世音寺・五重塔・落書き・王仁・おほさゝぎ（仁徳）・難波津をワンセットとして理解しようとする米田氏の歴史観が生まれてくるというわけである。

――太宰府の近くに、必ず難波津はあったに違いない。すると、博多湾の東の潟に、仁徳の土木工事の痕跡が見られる、という風に話は進行して、結局、仁徳天皇は博多にいたという破天荒な結論になった次第である。

博多にいた九州の王者の事績を盗用

私は、しかし、この結論を、人が言うほど破天荒なものとは思わない。すこし、言い方さえかえれば、十分、筋の通った話だと思っている。

というのは、中国の正史である『宋書』に書かれた倭の五王を、大和朝廷の天皇の誰に比定するかという歴史学者たちの研究に対して、一握りの研究家の間には、「倭の五王と大和朝廷は関係がない。第一、『古事記』にも『書紀』にも讃・珍・斉・興・武は書かれていない。五王は、九州にいた王者だ」とする考え方が一方にあるのである。

実際、『書紀』の編纂者は、『漢書』『後漢書』『三国志』『梁書』『隋書』『芸文類聚』『文選』などを見たことは考えられるが、『宋書』を見た形跡はない。その『宋書』にしか倭の五王は書かれていない。

では、五王らしく書かれている天皇はいないかというと、それはいる。なぜかというと、五王が九州の王者であり、九州の歴史書が『古事記』『書紀』以前に成立していたとすれば、それを見て、その記事を取り込んだことは十分考えられるからである。現に、『書紀』には「日本旧記」「日本世記」ほか大量の一書群からの引用文を見ることができる。

つまり、米田氏は、仁徳が博多にいたというけれども、そこまで言い切ってしまわずに、博多にいた九州の王者の事績を、近畿の仁徳の事績として『書紀』が取り込んだと考えれば、筋は通ることになる。

九州にいた王の土木築造記事を、『書紀』の編者が仁徳の記事として盗用したというわけである。

四つのナニワの時代区分

このように考えれば、米田氏の難波津博多論も成立するし、前々回紹介した大芝氏の難波津行橋論も成立する。ただし、行橋に難波津を考える場合は、博多より何世紀か後代を考えなくてはならないだろう。なぜならば、これは仁徳よりずっと後代の安閑紀にある記事から推定したものであるからである。

片江の難波、博多の難波、行橋の難波、大阪の難波、四つを並べてみると、片江の難波が一番古い難波だったろう。これは卑弥呼以前まで遡れる古い港である。卑弥呼の都の外港は不彌であったが、片江はさらに奥まった位置にあった。

そのころの港は、潟が土砂に埋もれるにしたがって、片江の難波から、不彌、荒津と、だんだん湾口に近く移動していく。

次が博多の難波。これは仁徳紀の記事から考えられるのであるから、倭王讃の前後にあたる時代でもあろうか。

この港も、西岸から開けていったが、次第に東岸に移り、博多の難波、那の津、ずっと後代になると、冷泉の津、袖の湊と完全な人工港に変貌していく。

次が行橋の難波。これは安閑紀の記事から考えられるのであるから、倭王多利思北孤前後のころであろう。

大芝氏の難波津行橋論を敷衍して、室伏志畔氏は、天武の東宮は豊前にあったのではないかと考えているし、山崎仁礼男氏は天智の近江遷都は、ここから移ったのではないかと考えている。

大阪の難波は、推古以後、歴史のスポットを当てられて有名になったのである。

夜光杯

北京に着いたら頤和園で昼飯を食って、天壇公園の天壇に登った。そこのお土産屋の前で、立って玉杯を眺めていると、添乗員が近づいてきてそっと小声で言った。

「玉杯は、まだ、買っては駄目ですよ。あとで本場に行きますから」

なるほどと思った。玉杯は中国が本場だと思うのは日本人で、本場には、そのまた本場があるということである。

翌日は大黄河の河首、蘭州であったが、

「ここも見るだけです。明後日、敦煌に行きますから、厭というほどお目にかかれます」

親切な添乗員さんである。翌日が酒泉。そして、そのまた翌日が敦煌である。敦煌でやっと私たちは玉杯を買うことができた。

別に玉杯を買いあさるのが目的の旅ではないが、わけを話すとこうである。昔、周の五代目に穆《ぼく》王という天子がいて、はるばる西域に西王母を訪ねる旅をした。その時の記録が「穆天子伝」である。それに「魏志倭人伝」と同様の行路記述があり、「陽紆より西に西夏氏に至る二千五百里、西夏より珠余氏に至り河首に及ぶ千又五百里」などと細かく書いてある。この道順をたどりながら、講師から直接「穆天子伝」の講義を聴こう。そういう趣旨の旅だったのである。

講師曰く、中国の殷・周時代は一口でいうと青銅の金属器文明である。しかし、その前には玉の石器文明があったに違いない。だから、成り上がり者の金属より、玉の方が中国では昔から尊重された。玉音、玉座、玉璽、玉輦……。玉は至高の貴さをあらわしているから、夷蕃の王に金印や銀印を与えても、中国の王は自分の印を玉で作らせたのである。こう考えると、青銅文明の頂点に立つ周の穆王よりも、玉文明の頂点に立つ西王母の方が位取りは上だったのではないか。

ともあれ、買い求めた玉製の杯には、白、碧、黒、いろいろあった。黒といっても、緑色のような、茶色のような、それが濃過ぎて黒く見えるだけである。白い玉杯がいちばん洒落ていた。それなのに、黒い玉杯だけを特別に夜光杯というのはなぜなのだろう。

葡萄の美酒　夜光の杯、
飲まむと欲して琵琶を　馬上に催す。
酔ふて沙場に臥す　君笑ふことなかれ、
古来征戦　幾人か回へる。

不審に思って、添乗員に尋ねたが知らないとのことだった。玉杯を作っている工房にも問い合わせてもらったがわからない。わからないまま、私たちは玉杯の筐をトランクに入れて旅をつづけた。

私たちは、敦煌から再び引き返して蘭州、西寧、青海、それから西安を訪ねた。西安は昔の長安の都である。ここではミイラの陝西省博物館と安倍仲麻呂の興慶公園を訪ねた。

ちょうど旧暦の八月十五日だったので、ホテルはサービスだといって月餅を部屋に差し入れてくれたが、私は月餅より玉杯に葡萄酒ならぬウイスキーを注ぎ、残り少なくなった旅の日程を数えながら一杯やることにした。　同室は気心の知れた友人である。

「少し、ムードを出そうや」

と言って電気を消した。カーテンを引くと、窓から満月の光が射し込んで、

「そうか。今日は中秋の名月だったか」

ほど良い高さまで昇った月から目を手元に戻すと、黒い玉杯のウイスキーが鏡のように光っているではないか。

友人は、洒落た白い玉杯で飲んでいたが、それは光っていない。

「なるほど。光るのは杯ではなくて、中の酒なんだ」

夜光杯の謂れを私に教えてくれたのは、長安で迎えたその年の中秋の名月であった。

金海《きめ》のパジョン

韓国の首都・ソウルは朝鮮朝以来の都で六百年の歴史がある。新羅の都は慶州、百済の都は扶余。これくらいは常識だから、韓国に旅行するくらいの人なら誰でも知っているだろう。

しかし、伽耶の都が金海《きめ》であることを知っている人は意外に少ない。だから、金海空港に降りても足は金海に向かない。真っ直ぐ釜山にタクシーを飛ばしてしまう。金海は釜山の逆方向なのである。

＊

空港から釜山までは三十分。金海までは十五分。何度か訪ねたが、一度は金海市のお祭りの日だった。

ここで、ちょっと、韓国の古代の話をさせてもらいたい。

日本でいう弥生時代から古墳時代の初め頃までを韓国では前三国時代という。馬韓・弁韓・辰韓の三韓と重なる時代である。

その馬韓から百済ができ、辰韓から新羅ができ、北方に高句麗ができ、大きくなると三国時代である。弁韓からは伽耶ができるが、伽耶は六世紀に新羅に吸収されてしまう。

やがて七世紀になって、百済、高句麗が滅びて新羅が韓半島を統一すると、そこから統一新羅時代が始まり、高麗朝まで続くのである。

その伽耶は、加羅、駕洛、加良、伽倻などと表記されるが、みな伽耶の同音異字である。代表的な六国を六伽耶といい、その一つが金海の金官伽耶だ。金官伽耶の建国神話は日本の天孫降臨と同じモチーフで有名ある。

天から統治者が降臨して、その土地を治めたというのだ。

日本の方は、天孫を降臨させた側の説話に重点が置かれ、アマテラスの孫のニニギが「真床追衾《まどこおふふすま》」に包まれて降りてくる。伽耶の方は、降臨を迎えた側からの説話になっていて、降りてきた金の小函を開けると、中に赤い布に包まれた卵が入っていた。その卵から生まれた子を育てたら、それが後の伽耶国の始祖・金首露王になったというのである。

＊

タクシーに乗って金海《きめ》と告げると、金海のどこへ行くのかと聞いてきた。

「亀旨公園《くじこんうおん》」

伽耶の卵の降臨地を亀旨峰といい、その麓が首露王の卵のモニュメントのある公園である。そこからは、王陵も王妃陵も近い。

「今日は、金海金氏の総宗会のある日で、金海市の祝日だ。わたしも、金氏の端くれで、なにしろ、本家のご先祖は、伽耶の金首露王《きむすろうわん》だからな」

と運転手。金海の金氏は、誰でも首露王の子孫なのだから、総宗会の日が市の祝日だというのももっともである。街中、大売り出しのような旗や横断幕を張り巡らしていた。

貝塚公園に歩いていって、貝塚の遺跡はどこかと尋ねたら、民家の横を抜ける小道を教えてくれた老人が、これもまた金氏の端くれだった。

「わしのような分家にまで、王陵で行われる式典への招待状はこないが、今日は総宗会だから、家でもご馳走してるよ。ちょっと寄るかね」

私は、それは断って貝塚に行き、写真を撮って帰った。時間が余ったので、大成洞の方に回ると、そこでは古墳を発掘中であった。

町の居酒屋でピンデトクとマッカリをたのんだら、パジョンしかないといわれた。パジョンは、主に小葱を並べたお好み焼きというか、昔の一銭洋食の味を思い出させる。材料は小麦粉である。ピンデトクは緑豆の粉を使うので日本ではお目にかかれない。どちらも韓国では簡単な酒の摘みである。

光州の牛刺し

いわゆる三種の神器というのは鏡・剣・曲玉である。日本では五カ所から出土したが、韓国では八カ所から出土した。その中でも、特に全羅南道の咸平草浦里《ちょぽり》が有名である。去年（一九九五年）、それを見るために光州国立博物館を訪ねた。予め連絡してもらっていたので、学芸員の趙現鐘さんが親切に説明して下さった。趙さんは草浦里遺跡の調査に直接かかわった人である。

詳しい地図を書いてもらって現地にも行ってみることにした。案内を旅行社のガイドに頼んだら、その友人だという高校の英語の先生が自家用車で迎えに来てくれた。ガイドは「地理に詳しくないし、日曜日なので」と言い訳をしていたが、これは一種の公私混同だろう。職業ドライバーではないのだから、私たちは必要以上に気を遣わねばならない。

案の定、その案内の英語の先生が、途中から道を間違えたことに気がついた。

「では、間違えたと思われる地点まで引き返して、そこから地図どおりに行きましょう」と私たちは提案した。が、英語の先生は、

「オッケー、オッケー。アイ、ノウ、チョポリ、ベリーウエル。ドン、ウオリー」

とか何とか言って、車は人家も見えぬ果てしない田舎道を走りつづけた。耕耘機しか通らないような凸凹道で、車の底を地面が擦る音がひどい。だから、気を遣って、車から下りて歩いた所もあった。果たして目的地まで行けるだろうか……。

光州から草浦里まで、地図上では約三五キロである。それが二時間くらいかかった。

道が鶏小屋に突き当たって行き止まりになったところで、

「ここです。ここが草浦里です」

私たちは降ろされたが、現在のこの場所と趙さんの書いてくれた地図とが一向に結びつかなかった。だから言わぬことではない。途中からやり直して地図どおりに来れば、発掘場所もすぐ分かるのに……。

英語の先生は、それを察してか、どこかから村の老人を案内につれてきて、聞くと、老人は道路工事中に遺跡を掘り当てた当人だという。災い転じて福とはこのことだろう。

博物館の趙さんからもらった調査報告書の写真を見せると、その中のいちばん破損した銅剣を指差して、「これ、これ、これ。わしが見つけた」と誇らしげに笑った。

発掘現場まで行くと、ようやく地図と地形が頭の中で一致した。私たちは、趙さんに書いてもらった地図の道とはまったく逆方向から草浦里部落に辿り着いていたのである。

現場の地形を写真に収めて帰るとき、ガイドが老人に謝礼を渡そうとすると、老人は断固としてそれを拒否した。私が咄嗟に鞄の中から封を切ってないロングピースを差し出すと、老人はそれを素早くポケットに収め、ひどい日本語で「むかし、わし、日本語、習った」と言って「アカサタナヒミイリヰ、ウクスツヌフムユルウ」と、現在の日本の子供には馴染みの薄い五十音をそらんじてみせた。

翌日、また、博物館に趙さんを訪ねて昨日のお礼を言ったら、今日は休館日だから市内の前方後円墳を案内しようと言われ、昨日、草浦里からの帰りに見た花月洞の前方後円墳以外の二カ所を見せてもらった。この辺では甕棺墓の出土も珍しくないそうである。

飛行機の時間まで、郊外の食堂で、ユッケを食べながら歓談したが、ユッケは「馬刺し、鳥刺し」ならぬ牛刺しである。卓上に並べられた山盛りの牛刺しは圧倒的であった。

東方、夷と曰う。被髪文身、火食せざる者有り。

（『礼記』巻十二）

聞けばこの地方の名物料理だそうである。

鏡・剣・曲玉。甕棺墓。前方後円墳。入れ墨をして火食しない習慣。……

そのむかし、この辺りに住んでいたのは東夷と呼ばれた倭人だったかも知れない。

三峡に游ぶ

中国四川省の忠県で五千年にも及ぶ長い歴史が間断なく遺されている複合遺跡が見つかった。地表から十二メートルまで掘ったところ、下から新石器、夏、殷、周、秦、前漢、後漢、三国、魏、晋、隋、唐、宋、元、明、清と、各時代の遺物が時代順に現れてきたというのだ。縄文・弥生・古墳時代の重層遺跡というだけでも日本では珍しいのに、これはまた中国ならではの貴重な発見である。

新聞の見出しには「三峡ダムの予定地で五千年続く通史遺跡発見」とあった。三峡とは長江の数ある峡谷の中でも有名な瞿塘《くとう》峡・巫《ふ》峡・西陵峡である。

三峡ダムの工事が進んで従来の景観を眺められるのは今年限りだと聞き、文庫本『漢詩故事物語』一冊を持って出かけたのは六月（二〇〇二年）だった。そのとき、忠県という地名に記憶がなかったので地図で調べてみると、忠県は三峡の上流で重慶市に近いところにあった。

重慶と言えば今は世界一の広域都市で、人口は四千万を超えたというガイドの話である。重慶まで行けば成都も見たくなるだろう。三星堆もと欲がでる。だから、六月の旅行では武漢を中心に赤壁・三峡に的を絞って行った。

武漢で湖北省博物館を見て、夕方、宜昌から観光船に乗った。夕食が終わると船内を散歩して、部屋に帰ると、後はもう何もすることのない気楽な旅である。夜、サーチライトで両岸を照らしながら船は西陵峡を遡航した。

いつの間にか眠ってしまい、目が覚めると、船は巴東の沖であった。デッキに出ると鶏の声が聞こえる。なるほど揚子江は長閑だ。

午後、漁師が網で岸辺をさかのぼる魚を掬っていた。

奉節では、劉備ゆかりの白帝城へ登った。石段は八百何十段かあり、高いところから夔《き》門《もん》方面を眺めると、そこから瞿塘峡が始まる。

しかし、この眺めも今年限り、来年は滄海が桑田に変わったというほどの変化があるはずだ。ダムの水位の標高はどの辺りになるのだろうか。

ということで、持参した漢詩に刺激されて作ったのが次の偏格仄起下平四豪韻踏落しの七言律詩である（●は仄音、○は平音、◎は平韻）。読み下すと次のようになる。

游三峡

夕●發●宜○昌○三○峡●遡●
巴○東○碇●泊●夜●航○艘◎
孤○村○蜀●雉●明○晨○唱●
對●岸●漁○夫○下●午●撈◎
白●帝●高○嶔○城○兀●兀●
夔○門○遙○擴●水●滔○滔◎
明○年○此●地●滄○桑○變●
不●知●何○邊○是●標●高◎

三峡《さんけふ》に游《あそ》ぶ

夕《ゆふべ》に宜昌《ぎしやう》を發《たち》て　三峡《さんけふ》遡《さかのぼ》り、
巴東《はとう》碇泊《ていはく》す　夜航《やかう》の艘《ふね》。
孤村《こそん》の蜀雉《しよくち》　明晨《めいしん》に唱《うた》ひ、
對岸《たいがん》の漁夫《ぎよふ》　下午《かご》に撈《すなど》る。
白帝《はくてい》高《たか》く嶔《そばだ》つ　城《しろ》兀兀《こつこつ》、
夔門《きもん》遙《はる》かに擴《ひろが》る　水《みず》滔滔《たうたう》。
明年《みやうねん》は此《こ》の地《ち》　滄桑《さうさう》の變《へん》、
知《し》らず何《いづ》れの邊《へん》か　是《こ》れ標高《へうかう》。

この十一月に旅行した友人の話では、六月に長江は完全に堰止めされて水を溜め始めたそうだ。友人は、だから、ダムの工事現場を船で見ることは出来なくて残念だったという。だが、それよりも大変なのが三峡地区の遺跡から出土した大量の出土物。大半は輸送や保管が間に合わず水没する運命にあるというから惜しい。

Ⅲ　アレナレ河

アレナレ河

アレナレ河というのをご存じだろうか。私はその川の名前を灰塚さんから聞かされた。聞かされて買った本が『高良玉垂宮神秘書同紙背』である。アレナレ河はその付録の地図に載っていた。久留米の大善寺玉垂宮の前を流れる広川のことらしい。広川に朱でアレナレ河と印刷してある（次頁）。

「変な名前ですねえ」

と私。

「変な名前でしょう」

と灰塚さん。

「玉垂宮神秘書には何か書いてませんか」

「書いてありますが、よくわかりません」

私も読んでみたが、やはりよくわからなかった。

何でも、むかし、高良大菩薩が、大東のアリナレ河を発ってこの地に来た。それでこの河をアレナレ河と呼ぶことにしたというのである。

だが、大東とはどこか、アレナレ河とはナニ河か、皆目わからない。解らないままに何年も過ぎてしまった。そのうちに灰塚さんも亡くなって、間もなく初盆が来る。

もっとも、その間に、何も前進がなかった訳ではない。

高良大菩薩というのは初代玉垂命のことで、筑後に来て賊徒を退治し、王宮を造営してこの地に君臨した。どうやら、アレナレ河と命名したのは王宮を

アレナレ河（丸囲み内、高良玉垂宮神秘書参考地図Ⅱより）

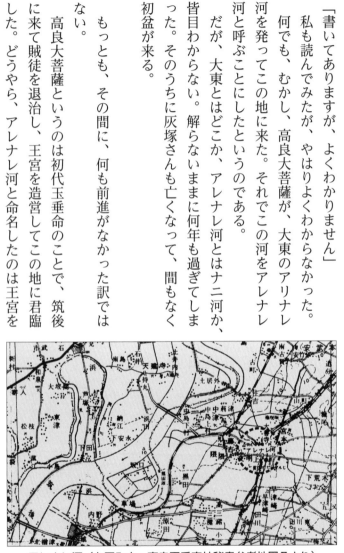

建てたときの話のようである。

しかし、その玉垂命の出発地という大東とはどこか、それがわからない。アレナレ河によく似たアリナレ河を『日本書紀』の神功即位前紀に見つけたが、しかしアレナレとアリナレは違うと云われればそれまでである。その先の壁が高くて越えられそうもなかった。

ところが、最近、むかし読んだ申采浩《しんちぇほ》の『朝鮮上古史』を読み返していて、はっとした。次のように書かれているではないか（戦前の論考なので、行政地名は現在の名称と異なるがそのままにしておく）。


我が国の古語では、あひるを「アリ」といい、大河を「ラ」といった。鴨緑江・大同江・図満江・漢江・洛東江と満州吉林省の松花江、奉天省の遼河、永平府の灤河などを吏読字で書いた古名を探してみると、阿礼江・阿利水・郁利河・烏列河・列水・武列河・鴨子河となっている。阿礼・阿利・郁利・烏列・武列などはみな「アリ」の音訳であり、鴨子は「アリ」の意訳であるから、以上の諸大河はいずれも朝鮮族の祖先が付けた名前である。朝鮮古代の文化はほとんどこれらの諸大河の江畔に発生したので、『三国志』「魏書」高句麗伝にも「句麗は国を大水に依って作りて居る」としているのである。

これでみると、阿礼も阿利も同じ名前であることがよくわかる。

一番北方を流れるのが松花江だから、朝鮮族の先祖とはいうものの、最初の命名者は扶余族だったろう。その扶余族の中に松花江をはなれて南下したグループはいなかったのか。朱蒙《しゅもん》がいた。沸流《ぴりゅう》（兄）がいた。温祚《おんじょ》（弟）がいた。

朱蒙系高句麗は鴨緑江・図満江・大同江まで南下している。温祚系百済は漢江まで南下している。残る沸流は『三国史記』から姿を消すので、どこまで南下したか確証はないが、四世紀から五世紀にかけての沸流系百済の大陸進出はものすごい勢いだった。渤海湾、遼西、山東半島、長江の河口北岸・南岸。——だから遼西に遼河、灤河がある。

彼らは渡海して西方にばかり進出したように見えるが、それは文字の国・中国が記録したからである。山に都を開いた弟と違って、海辺を好み、航海術に長け、西にそれほど進出した兄の沸流系百済が、東や南に進出しなかったとは考えられない。

すなわち、洛東江をアリナレと呼んだのは誰だったのか。渡海して、筑後の広川をアレナレと呼んだのは誰だったのか。やはり扶余族の沸流系百済だったろうと思い当たるのに無理はない。とすると、玉垂命は沸流系百済にゆかりのある渡来人かも知れない。

——ここまで考えたら、背筋が急に寒くなってきた。というのは、高良大菩薩＝玉垂命で、なおかつそれは倭の五王につながる系譜だとも云われているからである。

「倭の五王は沸流系百済に繋がっていた！」

「道理で、五王は温祚系百済の王位継承に口を出したりするんですね」

灰塚さんが生きていたら、きっとそういうだろう。

堤上の墓

徳川時代の李朝通信使は対馬藩が江戸まで護衛を担当したが、そのルートは釜山―対馬―壱岐―相島《あいのしま》―赤間関―瀬戸内八カ所を経由して大阪からは陸路江戸に向かったようである。黒田藩は相島に有待邸《ゆうたいてい》を設けてその接待に当たっていた。

三代将軍家光襲職の賀の時の帰路、一行は大風のため相島でしばらく足止めされた。そこで接待役の玄方《げんぽう》とかわした四方山話を『海行惣載《かいこうそうさい》・姜東槎録《かんとうさろく》』は記録している。

乃チ言フ「藍島《あいのしま》ト相望ノ地ニ博多冷泉ノ津アリ。即チ新羅《しるら》ノ忠臣朴堤上《ばくちぇさん》ノ屍ヲ埋ムルノ処此レナリ。乃チ日本ノ故ノ西都ナリ。鄭圃隠《ちょんぼうん》、申文忠《しんむんちゅん》、奉使ノ時、皆ココヲ往来スト云フ」ト。玄方、一絶書ヲ以テ示シテ曰ク。

回頭西ヲ望メバ　眼《まなこ》ナホ寒シ、
十里松林　七里ノ灘、
堤上ノ旧鬼　今在ルゴトシ、
夜来夢ニ入ッテ　平安ヲ問フ。

ここで鄭圃隠とか中文忠とかいうのは、この時以前の通信使ででもあったろうか。通信使は足利時代にはなんと六十回以上も送られている。

朴堤上というのは、金富軾《きむぷしく》の『三国史記』列伝に書かれている新羅時代の忠臣である。歃良《さりやん》の州干《すかん》であった。時の新羅王は第十九代訥祇王《とっき》（四一七~四五七）で、これは倭の五王のうちの讃、珍の時代に当たっている。

ある日、訥祇王はこんなことを言い出した。

「吾ガ弟二人、倭、麗二国ニ質セラレ、多年還ラズ。兄弟ノ故ニ思念オノヅカラ止ム能ハズ。生キテ還ラシメンコトヲ願フ。之ヲイカニスレバ可ナランヤ」

そこで堤上が呼び出されるのである。

「臣、愚ニシテ不肖ナリト雖モ、敢ヘテ唯祇《ただまさ》ニ命ヲ承《う》ケザランヤ」

堤上は高句麗に行って王に直接掛け合い、十年も質になっていた卜好《ぼっこ》を連れて還ってくる。王は喜びながらも、

「我、二弟ヲ念フ。左右ノ臂ノ如シ。今日一臂ヲ得。イカン」

それで堤上はまたまた倭に行かねばならぬようになってしまった。

堤上の妻はこれを聞いて港まで追いかけて行き、哭きながら舟に呼びかけた。

「帰リ来タルベシ」

堤上はその妻に答える。

「我、命ヲモッテ敵国ニ入ル。ナンジ、再見ノ期ヲナスナカレ」

予想通り、倭王は簡単に人質の未斯欣《みしきん》を返そうとせず、それどころか逆に新羅を攻めるから、堤上と未斯欣に道案内をするようにと迫った。

そこで堤上は、一日、未斯欣を舟遊びに誘い、そのまま逃亡してしまうことを勧めた。

「僕、将軍ヲ奉ズルコト父ノ如シ。豈独リ帰ルベケンヤ」

という未斯欣に、堤上は、

「モシ二人倶ニ発スレバ、則チ恐ラクハ謀ナラザラン」

未斯欣はそこで泣く泣く堤上のいうことを聞いたのであった。

翌朝、人が起こしにきても堤上はなかなか起きてこない。やっと起きてきて、そこで人々は未斯欣の逃亡を知ったが、もう遅かった。

逐ニ堤上ヲ縛シ、行舡、之ヲ追フ。適適《たまたま》煙霧晦冥、望ムモ及バズ。堤上ヲ王ノ所ニ帰ス。則チ木島ニ流ス。未ダ幾バクモナラザルニ、使人、薪火ヲ以テ支体ヲ焼爛ス。然ル後、之ヲ斬ル。

（三国史記）

同じようなことが一然《いるよん》の『三国遺事』にも書かれているが、ここでは朴堤上が金堤上になっている。最後の件りはこう書いてある。

王怒リ、命ジテ堤上ノ脚下ノ皮ヲ屠剥シ、蒹葭《けんが》ヲ刈リテ其ノ上ニ趨《ゆ》カシム。更ニ問ヒテ曰ク、「汝ハ何レノ国ノ臣ナルヤ」ト。曰ク、「鶏林ノ臣ナリ」ト。又、熱銑《ねっせん》ノ上ニ立タシム。問フ、「何レノ国ノ臣ナルヤ」ト。曰ク、「鶏林ノ臣ナリ」ト。倭王、屈セシム可カラザルヲ知リ、木島ノ中ニ焼殺ス。（中略）

初メ、堤上ノ去ラントスルヤ、夫人之ヲ聞キ、追ヒテ及バズ。望徳寺《まんとくさ》ノ門ノ南ニ至ルニ及ビテ、沙ニ放臥シテ長ク哭ク。因リテ其ノ沙ヲ名ヅケテ長沙《ちゃんさ》ト曰フ。（中略）久シクシテ後、夫人其ノ慕ニ勝ヘズ。三娘子ヲ率ヰテ鵄述嶺《ぢするりゃん》ニヨリ倭国ヲ望ミ、痛哭シテ終ル。仍リテ鵄述神母《ぢするしんも》ト為ス。今ニ祠堂存ス。

『日本書紀』神功皇后摂政五年の条にもこの話は載っている。但し、堤上は毛麻利叱智《もまりしち》となっている。『三国史記』の註には「朴堤上。或ヒハ云フ、毛末《もまる》」とある。毛末は韓国語読みではモマルに近い。叱智は官職名である。

堤上の墓は冷泉の近くにあるのだろうか。

ハングルの創制伝説

金両基博士は早稲田を卒業後、カリフォルニア国際大学、ソウル中央大学、静岡県立大学などで教鞭をとるかたわら、多数の著書もあり、『図説・韓国の歴史』の監修もされた。私は、その著『ハングルの世界』を読んで、通説として語られる韓国文字の歴史の裏に、何か誇張された独特の民族の誇りのようなものが込められているような気がした。

世界には一〇〇〇以上の言葉があり、五六種類の文字が使用されている。大部分の文字は、今日の字形に定着するまで、かなりの変化を遂げてきたために、原初的な字形は判らないものが多い。それにくらべると、ハングルの字形は、創字時の原形から大きくはみ出したものはない。これは文字の発達史上、非常に稀だとされている。しかも、それが、わずか、三年の歳月で創字されたというから驚く。

韓国での語学研修では、確かに、そう習ったのである。しかし、金博士はつづける。

本当に三年しかかかっていないのであろうか。ハングルの創制作業は、一四四三年（世宗二五年）十二月に始まり、三年後の一四四六年（世宗二八年）九月に「訓民正音」と名付けられて発表された。いくら世宗自らも創字に参加して優秀な学者をそれに専念させたとしても、わずか三年ではあれほど完璧な字が創れるとは思えない。わたしにはなかなか信じられない。

へえ、韓国にも、民族的通説に対して、こんなにもあからさまに異を唱える学者がいるんだ、と正直にいって驚いた。

世宗二五年十二月に国字創制の作業が開始されたというのに、『世宗実録』の同年同月の条に、二八字からなる「訓民正音」が創制されたともある。どちらが本当なのであろうか。韓国語学者の韓甲洙氏は、それをふまえて、創字の作業は一四四二年十二月までには、すでに終わっていたということは確実のようである、と語っている。さらに、その創制作業は「発表される七、八年前の一四三八年から三九年の間に開始されたとみえる」と注目すべき推測をしている。

ということは、異を唱える学者が一人ではないということらしい。

ハングルの創制にあたって、中国の音韻学から多くを学んだ。それを参考にして、ウラルアルタイ語系に属する韓国語の音韻の表記を研究した。それを文献学的に活用しただけではなく、直接、中国の学者からも意見を聞いている。そのころ、明の著名な学者である翰林学士の黄淮が、中国の東北地方の遼東に流されていた。国字の創制に当たっていた学者たちは、黄淮のもとに計十三回も往復して、直接助言を受けた。学者のうちの誰が行ったかははっきりしていない。学者の助手クラスではなく、礼儀的に考えても、学者が直接出向いたと思われる。

ところで、

当時の交通事情から考えると、ソウルから遼東まで片道二十日以上かかると推定される。往復四十日、滞在を十日とすれば五十日を費やすことになる。それを十三回だと六五〇日。さらに、ソウルでその助言を検討、研究するのに十日や二十日は必要としよう。このような単純計算でさえ、二年数カ月になる。……三年という期間は、ハングルのような合理的な文字を創制する期間としては、あまりにも短い。わたしは、その三年間は、ハングルの仕上げ作業の期間だと思う。基本的な骨組みは、すでにできあがっていたのではなかろうか。

金博士は、それならば、正式に作業を開始する前年に、「訓民正音」は創制されていたという韓甲洙氏の見解はうなずけると書いておられる。

ハングルの三年創制説は、民族の士気高揚のために流布された伝説かもしれない。

私は、今、対馬に古くからあったという阿比留《あびる》文字に関心を寄せている。阿比留文字がいわれるほど古いものとは思わないが、ハングルより古いのではないかと思っている。

鵲について

スズメ目カラス科のカササギは漢字で「鵲」と書く。烏より小振りで尾は割に長い。全体、艶のある黒色だが、腹と翼の付け根は真っ白である。筑後から佐賀平野にかけてよく見かけるが、土地の人はこの鵲のことをカチと呼んでいる。

「あれは秀吉の朝鮮出兵のとき連れて来た韓国の鳥だ。日本が勝ったから、カチガラスと云うようになった」

普通の人はそう思っている。

しかし、ちょっとだけものに詳しい人は、素直にはこれを認めたがらない。

「それは一種の語呂合わせだよ。だって、韓国語でカチと云えば鵲のことだから……。あれは普通の雀や烏のようにピョンピョン跳ばないで、歩く癖がある。同じ語呂合わせなら、徒歩のカチと結び付けた方が自然だと思うね」

とにかく珍しい鳥なので、佐賀県・福岡県では国の地域指定天然記念物になっている。鵲は韓国から自然に渡来したものか、朝鮮出兵の時に持ち帰ったものか、そのルーツは未解決であると『福岡県百科辞典』には書かれている。

ところで、この問題に挑戦した学者がいる。九大理学部の江口和洋助手（生物学）と佐賀大教養部の久保浩洋教授（生物学）である。二人は鵲について記載した古文書四十点を調査して「山階鳥類研究所」の研究報告書に発表した。

調査によると、江戸時代以前の文献に鵲の記載は少なく、わずかに目立つのは『播磨国風土記』であるが、これも「此の山（船引山）に鵲住めり。一、韓国の鳥といふ。枯木の穴に栖み、春時見えて、夏は見えず」とあるばかりで、カササギの生態とは食い違いがあるし、サギを指しているものと判断されるそうである。ところが、朝鮮出兵後の江戸時代以降になると、鵲に関する具体的な記述が急に増えて来る。例えば『筑前国続風土記』では「寛永年中、肥前より来る」と記され、十七世紀には佐賀鍋島藩や、その支藩が次々にカササギ狩猟禁止令を出した記録が現れる。鍋島藩家臣の「原氏系図」には、文禄年間に鍋島直茂の命で韓国から持ち帰ったという記述さえある。

自然渡来なら、対馬、壱岐、北部九州沿岸に多く生息している筈なのに、佐賀市周辺が主たる生息地であることから考えても、鵲は「十六世紀から十七世紀初頭にかけて朝鮮半島から人為的に移された」ものと結論づけている。

三世紀の「魏志倭人伝」にも「無牛馬虎豹羊鵲」とあり、これに対して、本当にそうか、三世紀の日本に馬は一頭もいなかったか、牛も一頭もいなかったか、と目に角を立てる人も無きにしも非らずだが、そう、この場合の牛馬虎豹羊鵲はすべて野生の動物とみて、野生の牛馬虎豹羊鵲は一匹もいなかったと考えて間違いではなかろう。倭人伝の記事の信憑性を疑う必要は全く無いようである。

また『三国史記』の脱解説話から、倭と鵲の関連をいう人もいるかも知れない。脱解説話とは、こんな話である。

①新羅四代目の脱解王は、もと倭国多婆那に生まれた。生まれが異常だったため、箱にいれて海に流された。金官の海辺に漂着したが、人はこれを怪しんで取らなかったので、箱は更に流れて辰韓の阿珍浦に着いた。老婆が拾い上げて育てたのが脱解である。②箱が流れ着いたとき、鵲が鳴きながら飛んでついて来た。おめでたい話である。鵲の字の片方を省略して「昔」と創氏した。箱を解いて脱け出して来たから脱解と名付けた。

鵲は、倭で生まれた脱解について来たのだから倭にもいただろうというのである。しかし、もともとこの話は、時代を異にする二つの説話から成り立っている。

①は脱解の誕生説話である。おそらく一世紀頃から伝えられていたものだろう。②は脱解の漢字解説による命名説話である。語る側も語られる側も漢字の知識がなければ理解できない。つまり、これは漢字渡来以後、普及以後の新しい説話である。その中に出て来る鵲が、吉兆の鳥だという俗信は古いかも知れないが、脱解は韓国語のタルヘ＝月日、それもかなり日本語訛の強いタルへを韓国で漢字に置き換えた説話だと私は考える。

『新古今』にも鵲の歌がある。

鵲の雲のかけはし秋暮れて夜半には霜や冴えわたるらむ　寂蓮法師（五二二）

鵲のわたせる橋に置く霜のしろきを見れば夜ぞ更けにける　中納言家持（六二〇）

この時代に鵲は日本にいなかったのであるから、ここでいう「鵲」とは現実の鵲ではない。鵲は、年に一度、七夕の夜、牽牛と織女の逢う瀬のために天の川に烏鵲橋《うじゃくきょう》をかけるという。夜更けてますます白く冴えかえる中天の銀漢を詠んだものと解釈したい。

縄文人と弥生人

普通、弥生時代は紀元前三世紀から、縄文時代は紀元前四世紀まで、といわれている。しかし、縄文と弥生の画期がどこにあるか、これを厳密にいうことは難しい。研究が進むにつれ、年代は少しずつ古くなっていく傾向にある。弥生文化の特徴と言われる稲作や金属器の使用年代が、従来、言われていたよりも古くからだと考えさせられる遺跡や遺物が出土するようになったからである。

それでも、縄文時代の人が縄文人で、弥生時代の人が弥生人だということに変わりはない。縄文人の暮らしぶりも、従来、いわれていなかった定住、栽培、養殖さえ考えられる遺跡が次々に発掘されている。

別に、古代の日本列島の住人を「倭人」という言い方がある。この倭人という言い方を中国の『漢書』だけから抜き出してきて、紀元前二、三世紀の漢代に認識された日本列島の住人が倭人なのだから、倭人は弥生人である、と考えている人たちがいる。間違いではないが、倭人は果たして弥生人だけだったろうか。縄文人は倭人ではなかったのだろうか。

『漢書』の倭人、『論衡』にも倭人

倭人は『漢書』だけに書かれているのではない。『論衡《ろんこう》』にも倭人の記事がある。倭人が周の成王に鬯草《ちょうそう》を献じたという話である。周の成王といえば、時代は紀元前十一世紀だが、この時代の倭人は誰だったのだろうか。

この問題を考えると話が複雑になるので、『論衡』の倭人を『漢書』の倭人と切り離して考え、前者を中国の江南の倭人であるとか、北朝鮮の平壌近くにいた倭人であるとか、いって、後者だけを日本列島の住人と考える学者が多い。これなら、倭人＝弥生人でかまわないし、面倒なことを考える必要がないからである。

王充、班固、光武帝は同時代の人

しかし、この人たちは、その代わり、次のことを説明しなければならない。

鬯草を献じた倭人のことを『論衡』に書いた王充（二七～九七）と、楽浪海中に倭人有りと『漢書』に書いた班固（三二～九二）と、漢の委奴国王の金印を倭人に賜授した光武帝（二五～五六）は、まったく同時代の人であった。ということは、当時の中国の認識として、鬯草を献じた倭人＝楽浪海中の倭人＝金印を賜授された倭人、と考えるのが普通だと思われるのに、彼らは、なぜ、『論衡』の倭人だけを、別の倭人だと認識することができたか、という理由である。

古田武彦氏は、それができないから、『論衡』の倭人＝『漢書』の倭人＝日本列島の倭人、でなければならないと考えた。

「縄文の倭人」古田説

すると、倭人が鬯草を献じたという成王の時代は紀元前十一世紀であるから『論衡』の倭人は縄文時代である。中国は弥生人ばかりか、縄文人も倭人と呼んでいたことになる。ただし、縄文・弥生の転換期に、倭人と渡来人との間におびただしい混血が行われたことは認めなくてはならない。古田氏によれば、この縄文の倭人は、土器と黒曜石を遠く沿海州までもたらしたという。

『山海経』の倭人はどこか

私は、それならば、それが、日本海沿岸だけでなく黄海沿岸にまで及んでいたかも知れないと考えた。そして、その裏付けを、中国の古書に求めたのである。すると、やはり、あった。『山海経《せんがいきょう》』――ここには「蓋国は鉅燕の南、倭の北に在り、倭は燕に属す」とある。古田氏は蓋国を北朝鮮の平壌近くにお考えのようだが、これは違う。蓋国は、蓋馬大山、西蓋馬、古朝鮮の比定地から考えて、中国東北部の遼寧・吉林の省境にまたがる地域であるから、倭人は遼東半島の南岸から西朝鮮湾沿岸にかけても分布していたことになる。

歴史の教科書の見直し問題は、現代史ばかりとは限らない。

天孫降臨の解釈について

現在の風潮でいうと、天孫降臨の話などする知識人は少ない。たまにそういう話をする人がいると思うと、決まって、あれは渡来人だ、という。だから、この稿を書くことにした。

スンダランド

大雑把な話で恐縮だが、国立科学博物館の馬場悠男氏は、テレビで次のようなことを話しておられる。

「今から十万年ほど前に、現在のマレー半島、スンダ列島、ボルネオ島に囲まれたボルネオ海は、まだ陸地であった。地球は氷河時代であったから、海水面は現在の水面より五十メートル以上も低く、韓半島も日本列島も台湾もフィリピンも、全部つながっていたし、北の方は極寒の地域であった。

　そのころ、ジャワにいたジャワ原人の中から、もう一段進化した新人が生まれた。ジャワ原人をネアンデルタール、新人をクロマニヨンに当たると考えてもよい。（中略）要するに、この新人は、現在のわれわれに直接つながるものと考えられる東アジアの人類の先祖であった。

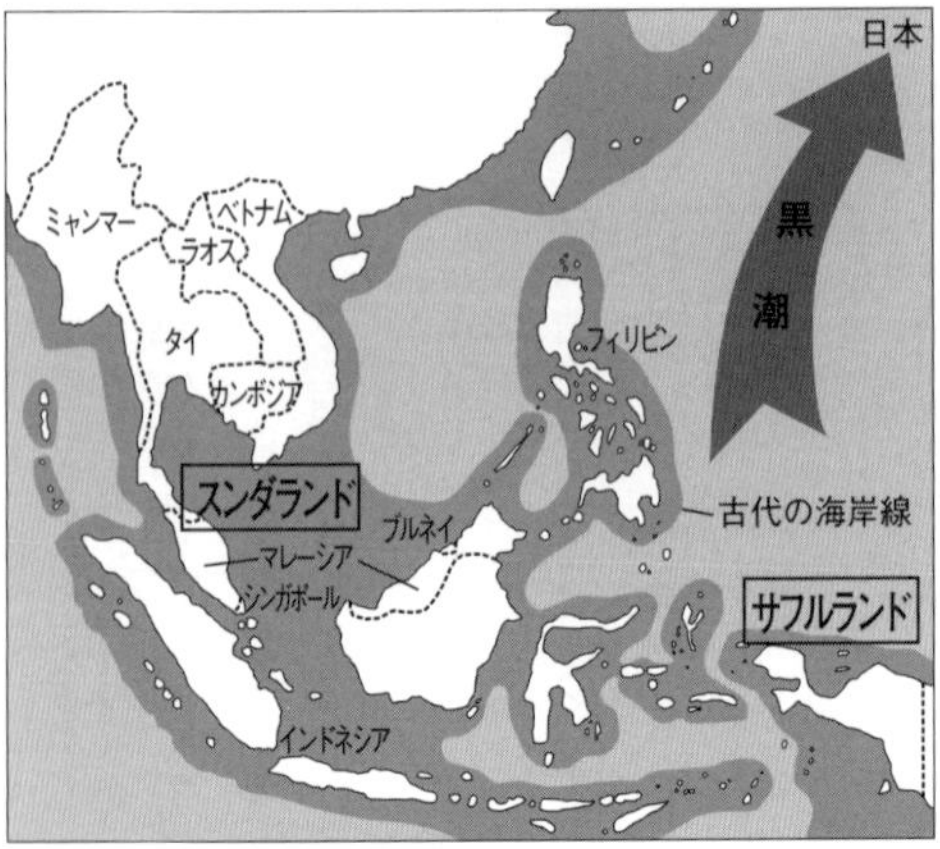

スンダランドの想定図（サイト／米と酒と鳥と貝と より）

　その新人にニーヤ人と呼ばれる人々がいて、それが三万五千年ほど前のことである。ニーヤ人は地球の温暖化とともに北上して、沖縄の港川人になった。これが一万七千年ほど前である。それがさらに北上して、日本列島の縄文人になった。今から一万年ほど前のことである。

　だから、ボルネオ海が陸地であったころ、そこを仮にスンダランドと命名すると、スンダランドはアジア人の故郷である。」

　この列島の縄文人が、韓半島を南下してきた渡来人と混血して二千三百年ほど前の弥生人になった。これを中国が倭人と呼んだ。

以上のことを納得して、ただそれですましてしまう人が多い。冒頭に書いた天孫降臨を語る知識人もこの部類に属する。天孫降臨が事実だとすれば、それは弥生時代のことと考えられるからである。

縄文人は倭人ではなかったのか

しかし、わたしには、もう一言ある。なぜならば、では、縄文人は倭人ではなかったのか。周の成王に鬯草《ちょうそう》を献じた倭人は誰だったのか。この問題を考えるからである。鬯草を献じた倭人のことを書いた王充（二七～九七）と、楽浪海中に倭人有りと書いた班固（三二～九二）と、漢の委奴国王の金印を倭人に賜授した光武帝（二五～五六）はまったく同時代の人であった。ということは、当時の中国の認識として、鬯草を献じた倭人＝楽浪海中の倭人＝金印を賜授された倭人でなければならない。すると、鬯草を献じた成王の時代は紀元前十一世紀であるから、縄文時代である。中国は弥生人ばかりか、縄文人も倭人と呼んでいたのではないか。

理屈では分かるが、まさか、そんな列島の縄文人が、ほんとうに中国の周の都まで鬯草を届けたろうか。

こう疑う人には、わたしは次のように尋ねたい。あなたは、列島の弥生人が、あまたある東夷の中から選ばれて、なぜ金印をもらったか、考えてみたことがありますか。

「行船一年」倭人の行動範囲

これは『後漢書』にきちんと書かれている。金印賜授の理由を初めて指摘したのは古田武彦氏であるが、同書倭伝には次のようにある。「建武中元二年、倭奴国、奉貢朝賀して、使人、大夫を自称す。倭国の南界を極むるや、光武、賜うに印綬を以てす。」と。

さらにつづけてこうも書いてある。「女王国より南四千余里、侏儒国に至る。人長三四尺。侏儒より東南、行船一年にして裸国、黒歯国に至る。使駅伝うる所此に極まる矣。」と。

倭人は、このとき、すでに失われていた周の制度の大夫を自称していた。そして、はるかに太平洋を越えた南界の裸国、黒歯国の情報をもたらした。これに感動した光武帝が、倭奴国王に破格の金印を賜授したのである。この倭人の桁外れの行動範囲からして、紀元前十一世紀ごろ、周への朝貢は十分にあり得たとわたしは考える。

では、ますます、鬯草を献じた倭人＝楽浪海中の倭人＝金印が賜授された倭人ということになり、中国の認識では、縄文人も倭人だったことになる。

するとき、先述した渡来人との混血の弥生人も倭人、混血前の縄文人も倭人。これが正確な言い方だということになる。この点をまず、確認しておく。

「南方系港川人の北上」仮説

さて、わたしの仮説は、一旦、沖縄の港川人まで後戻りする。

一万七千年前の南方系港川人が北上して日本本土に達したとき、彼らはそこから、さらにどこまで北上したのだろうか。その頃になると、極寒の氷河時代はすでにとっくに終わりを告げ、列島と韓半島の間には、もう海峡ができていた。だから、南方系港川人の後裔は、そのまま本州、北海道へ北上したと考えられている。が、その本流と分かれ、海峡を越えて韓半島に渡った分流の人々もいたのではあるまいか。

それが、いたとするところからわたしの仮説ははじまる。

韓半島組は、海峡を渡る決心をするのに手間取って、その後は北緯四〇度くらいまでしか上がれなかった。それに引き替え、本州組は、足早に北緯四五度あたりまで北上したとする。この二つの韓半島組と本州組は、ともに南方系港川人の後裔であった。その後、日本で土器製作の技術を開発したため、およそ一万年前以降については今日でいう「縄文人」と呼ばれるようになっていた。そして、貝の文化、黒曜石の文明、土器の文明を売り物にして、彼らは途方もない広範囲に活動の手を広げる。

彼らは一万年もの時間をかけて移動したので、最初の港川人から数えても何百世代も経過していたが、その主流には大きな変化を見ることはできないだろう。しかし、北上の最前線は、南方系でない人々と接触する機会があるわけだから、混血の可能性も十分考えられる。仮に、南方系縄文人が北方系のグループと遭遇して混血したとき、これを南方系縄文人と呼ぶか、北方系〇〇人と呼ぶか、これはまったく、呼ぶ人の立場によるのであって、命名の仕方に絶対的なルールはない。しかるに、これが時々、韓国と日本の間で問題になる。例えば、韓半島の伽耶の人々を、わたしは倭種だと考える。一方、韓国の学者は、列島の弥生人を伽耶種だと考える。これは、お互い、それぞれに理のあることで、ほんとうはどちらも間違いではない。

文献史学で重要な点は、北方系である東夷の人々を中国が最初に記録したとき、彼らがどこに住んでいたか。また、南方系である東夷の人々を中国が最初に記録したとき、彼らがどこに住んでいたか。それを見つけることである。

遼東の北緯四〇度線

これを記録した『山海経』は、朝鮮を遼東にあるものとして記録しているし、倭がすぐその南にあったものとして記録している。この場合、とりあえず朝鮮を北方系、倭を南方系とわたしは考えるのである。

南方のニーヤ人が港川人、縄文人というように北上したとき、一足先に同じように大陸でも北上を続ける南方系の人々がおり、大陸に先住していた人々をトコロテン式に突き出した。突き出された人々は大陸の北部を東に流れていった。それが、後に朝鮮、濊貊《わいばく》、挹婁《ゆうろう》、と呼ばれる一群の種族だったろう。彼らを追いかけるようにして中央アジアから、鮮卑、匈奴、突厥と呼ばれる騎馬民族が来る。覇権制覇に忙しい中国の漢も顔を覗かせる。遼東の北緯四〇度線で倭人が遭遇したのは、そのように多様な異文化の人々だったろう。

朝鮮、韓プラス倭の南下

とすると、『史記』『漢書』『三国志』『後漢書』を通じて理解できる朝鮮、韓の南下とともに、倭も南下したことが考えられる。倭は南下というよりも、故地を次々に失ってほとんど韓半島から追い落とされたような形である。もちろん、その南下の過程の中で、黒曜石の文明、土器の文明、貝の文化、入れ墨の文化が、いつまで彼らの特徴として目立っていたか、時代が経てば経つほど薄れてしまい、縄文の晩年には、もはや、それらは認めれにくいほど薄れてしまっていたかも知れない。わずかに入れ墨の文化だけが目につく程度だったかも知れない。

このことは、戦前戦後の日本人がわずか一世代、二世代前に移民した同胞の子弟を迎えたとき、いやになるほど目にし耳にしたことである。これが同じ日本人の同胞だろうか。牛乳を平気で飲む。蚊帳も知らない。言葉も訛っている。やけに色つやがよい。……しかし、彼らは紛れもない日本人だったではないか。

「天孫降臨」は倭人の里帰り

韓半島にいた縄文の倭人は、列島の倭人と行き来を絶っていたわけではなかった。行き来がなければ、貝や黒曜石や土器や曲玉や広型銅鉾や甕棺や埴輪が、あのように韓半島から出土するわけがない。しかし、同時に、かれらは紀元前四世紀以前から遼東の銅の文明や古朝鮮の石を積む墓制の文化にも接触していた。紀元前二世紀からは辰韓の鉄の文明や楽浪の文字の文化にも接触していた。

そのような倭人が、壱岐や対馬の倭人のさそいで列島に帰ってきた。謂うなれば、「天孫降臨」は倭人の里帰りである。このごろ、わたしはそんなことを漠然と考えている。

その頃には、まだ里帰りをせずに韓半島に残留した倭人も多かったろう。天孫降臨とは別に、倭人ではない、明らかに北方系の東夷の人々の渡来もあったろう。

山口県下関市の土井ヶ浜遺跡から出た三百体を超える弥生人の人骨は、明らかに北方系の頭蓋を持つものであった。海に顔を向け、故郷の韓半島が眺められるような姿勢で砂浜に埋葬されていた。しかし、そこに天孫降臨の伝承はない。

福岡県志摩町の新町遺跡の支石墓から発見された十四体の人骨は、明らかに南方系の頭蓋で、骨に石鏃の刺さった屍体や首のない屍体がほぼ完全な状態で甕棺の中にのこされていた。支石墓に埋葬されていたのであるから、この倭人は、韓半島から帰ってきたのであろう。天孫降臨とはいっても、父祖伝来の土地を渡すか渡さぬかの交渉であるから、前哨線では熾烈な戦いの場面も考えられる。このすぐ南の前原市（現在は糸島市）には、天孫降臨の伝承も残っていたし、天降神社という社が十幾つも集中して現存している。

天降神社の話は、当会の灰塚照明氏や鬼塚敬二郎氏の報告がある。

	神社名	祭神	所在地	記
1	村社 天満宮	ニニギ	加布里	境内社として天降神社（ニニギ）。
2	村社 天降天神社	ニニギ	石崎	
3	村社 天降天神社	ニニギ	波呂	
4	村社 天降天神社	ニニギ	瀬戸	
5	県社 宇美八幡宮	合祀ニニギ他	川付	ニニギは無格社天降神社として祭祀。元は大原にあり。
6	村社 川上六所神社	イザナギ・イザナミ他・ニニギ	本	西原にあった天降天神社（ニニギ）と他にも一カ所あったものとを合祀。
7	村社 雉琴神社	日本武尊	飯原	境内社に天降神社（ニニギ）。今は末社となる（祭神名なし）。
8	天降神社	ニニギ	鶴ヶ迫	
9	村社 天降神社	ニニギ	田尻	
10	村社 天降神社	ニニギ	新田	
11	天降天神社	ニニギ	有竹	11と12の両社は元は桜井神社内にあったと先代宮司に聞く。
12	紫雲山善應寺内	谷権現として	谷	天降り→雨降り祈願として祭られる。

（作成／恵内）

糸島の天降神社（頭の数字は次頁略図の丸囲み数字に対応）

糸島の天降神社の所在地

三世紀以前の朝鮮半島

朝鮮の建国神話にある檀君朝鮮は堯・舜の時代だというから四千年も昔のことである。舞台がどこであるかは確認できない。しかし、殷周革命のとき、箕子《きし》が逃れたという朝鮮はおそらく檀君朝鮮のことだろう。この朝鮮には洌水・遼河があるというから、これは現在の中国東北部遼寧省の南部である。

戦国時代、燕はこの辺まで進出した。だから、箕子朝鮮は浿水《ばいすい》（鴨緑江）を越え、はじめて朝鮮半島に足を踏み入れたのだ。南下した箕子朝鮮の都は現在の北朝鮮の平壌が考えられる。その後、秦が天下を統一するに当たり戦国の諸国は次々に滅ぼされるが、その順番は南の楚は別にして、韓、魏、趙、斉、燕の順であった。趙、斉、燕の亡民が箕子朝鮮に庇護されたことは記録に残っているが、それ以前の韓、魏の亡民については書かれてい

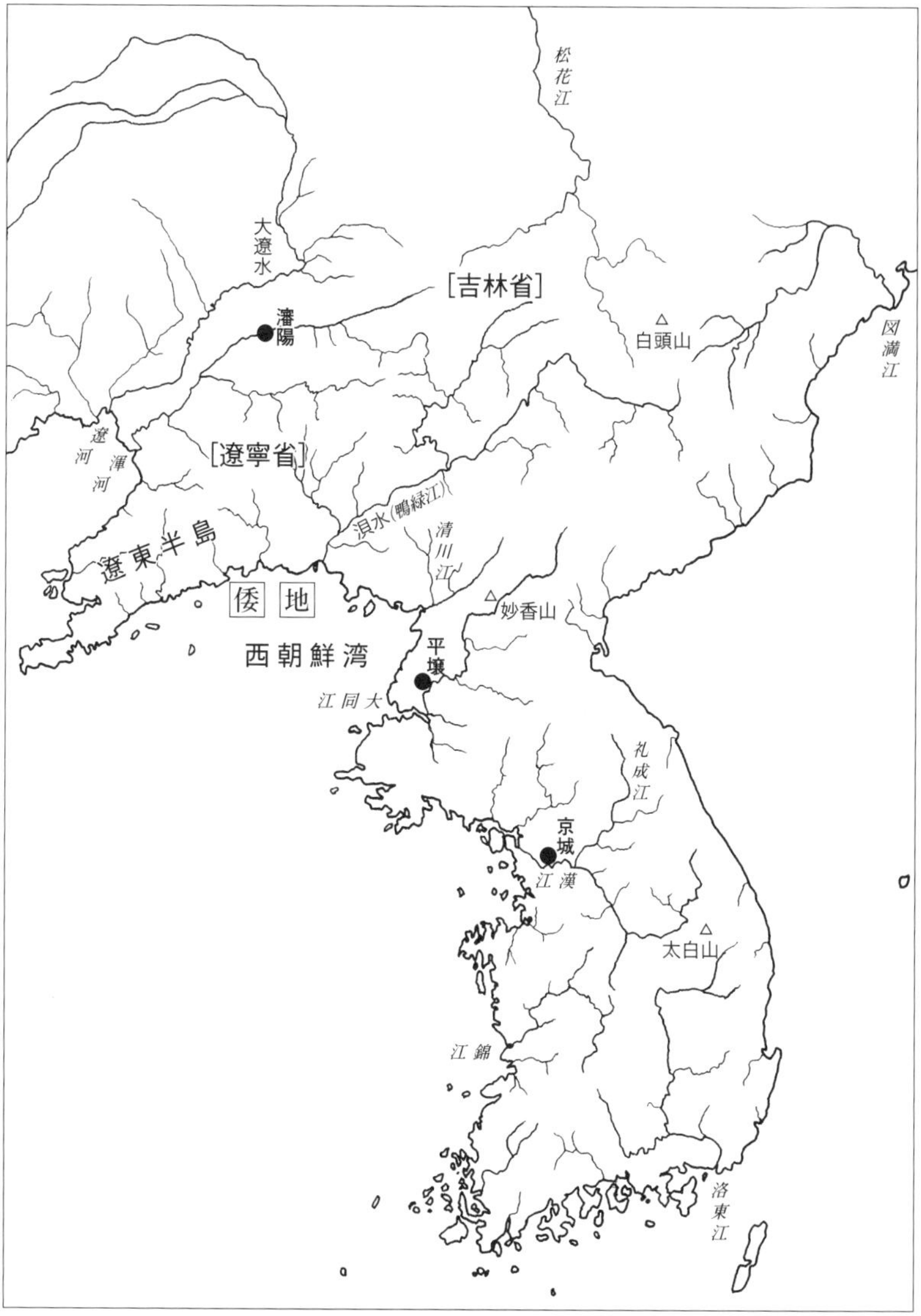

中国東北部と朝鮮半島の河川（●印は現在の都市名□は推定）

ない。しかし、韓、魏に限って亡民として流れてこなかったとは考えられない。箕子朝鮮の南に韓地ができるのはこの頃からだろう。

秦の天下は長く続かず、やがて漢が興る。漢初の燕に衛満《えいまん》という者がいて、これが箕子朝鮮に流れてきて王城を乗っ取ってしまった。乗っ取られた朝鮮王は船で脱出、韓の東南東の地を分けて貰って辰国（辰には東南東の意味がある）と呼ばれる。これが辰韓のもとである。ところが、衛氏の朝鮮は増長して近隣諸国が漢と通じることを妨害したので、漢は衛氏を滅ぼし、楽浪その他の郡治をしいて朝鮮の鉄を手に入れた。この鉄の利権をめぐって楽浪の周辺は紛争が絶えず、韓は負けると公州あたりまで南下して馬韓（マハンとは南韓の意味である）といわれ、勝つと北上して韓地を奪回する、その繰り返しが続いた。辰韓はひたすら東南東に退いて慶州あたりに落ち着いた。

三世紀の朝鮮半島で、「韓は帯方の南に在り、東西は海を以て限りとなし、南は倭と接す。方四千里ばかり」とある（『三国志』魏書東夷伝）。朝鮮半島に倭地はなかったというのが韓国の通説であるが、わたしはこれに疑問を持っている。

『三国遺事』『史記』『漢書』『太平御覧』『魏略』『三国志』『後漢書』『論衡』『山海経』の朝鮮・韓・倭関連記事を読んだ上での結論である。

百済はなぜクダラか

百済をなぜクダラというか、うまく説明するのは難しいことである。

百済の都の扶余の渡し場をクドゥレというから、百済の人にどこから来たかと聞くと、クドゥレから来たと答えるだろう。すると、それを聞いた人は、あの人はクドゥレの人だと思うようになる。そのクドゥレがだんだん訛ってクダラになった。これは全くの笑い話である。

『万葉集』を韓国語で読むという冒険で有名になった李寧熙《いよんひ》の説明の方がまだましである。李寧熙によると、古代の韓国には「古陀」と呼ばれたところが三カ所あった。古陀は「大きい土地」「広い地」「平野」をあらわす古代韓国語の「クタ」を漢字を借りて表記したものである。だから、音読みすると「ゴタ」になるが、もともとは「クタ」と読むべきである。その「古陀」は「古陀耶」とも書かれ、音読みでは「ゴタヤ」または「ゴタラ」になる。「ヤ」「ラ」がつくと、「国」の意味が加わり、「広い土地」が「豊かな大きな国」になる。百済は、事実、豊かな大きな国だったから、クダラと呼ばれたのである。

しかし、私は今ひとつ納得できないものがある。その古陀とはどこにあった国なのか。それは現在の慶尚北道安東と居昌と慶尚南道晋州だという。であれば、私たちのイメージの中にある百済とは、全然、別の場所ではないか。百済と別の場所にクダラがあったのでは、百済をクダラと呼ぶ説明にはならないのではないだろうか。

もう一つ、韓国語で説明する人がある。韓国では、嫁が実家のことをクンチップという。クンが大きい、チップが家。大きい家で、実家という意味になる。すると、百済から列島に来ている人は、祖国の百済を実家に見立てて、クンが大きい、ナラが国で、クンナラとでも呼んだと考えてみようか。すると、そのクンナラが、クンナラ、クンダラ、クダラと訛っていったのではないか。これは、少し韓国語を囓った人が云いそうな説明である。しかし、実際には、祖国を実家に喩えてクンナラと呼ぶことはない。どんな大きな辞典にも、そんな韓国語はないのである。私は長い間、百済をなぜクダラと呼ぶか判らずにいた。

ところが、最近、日本列島の人々が百済を認識しはじめる時期について調べているうちに、もしや、そうではないか、と考えたことがある。列島の人々が百済の存在に気が付くのは意外に遅いことが判ったのである。『三国史記』によると、百済は前漢の成帝鴻嘉三年（紀元前一八）の建国であるが、三世紀の卑弥呼でさえ百済を認識していた形跡はない。四世紀になって、オオタラシヒコ（景行）、ワカタラシヒコ（成務）、タラシナカツヒコ（仲哀）、オキナガタラシヒメ（神功皇后）と続くが、その末年になってようやく百済の存在を知るわけである。

それまで景行・成務・仲哀・神

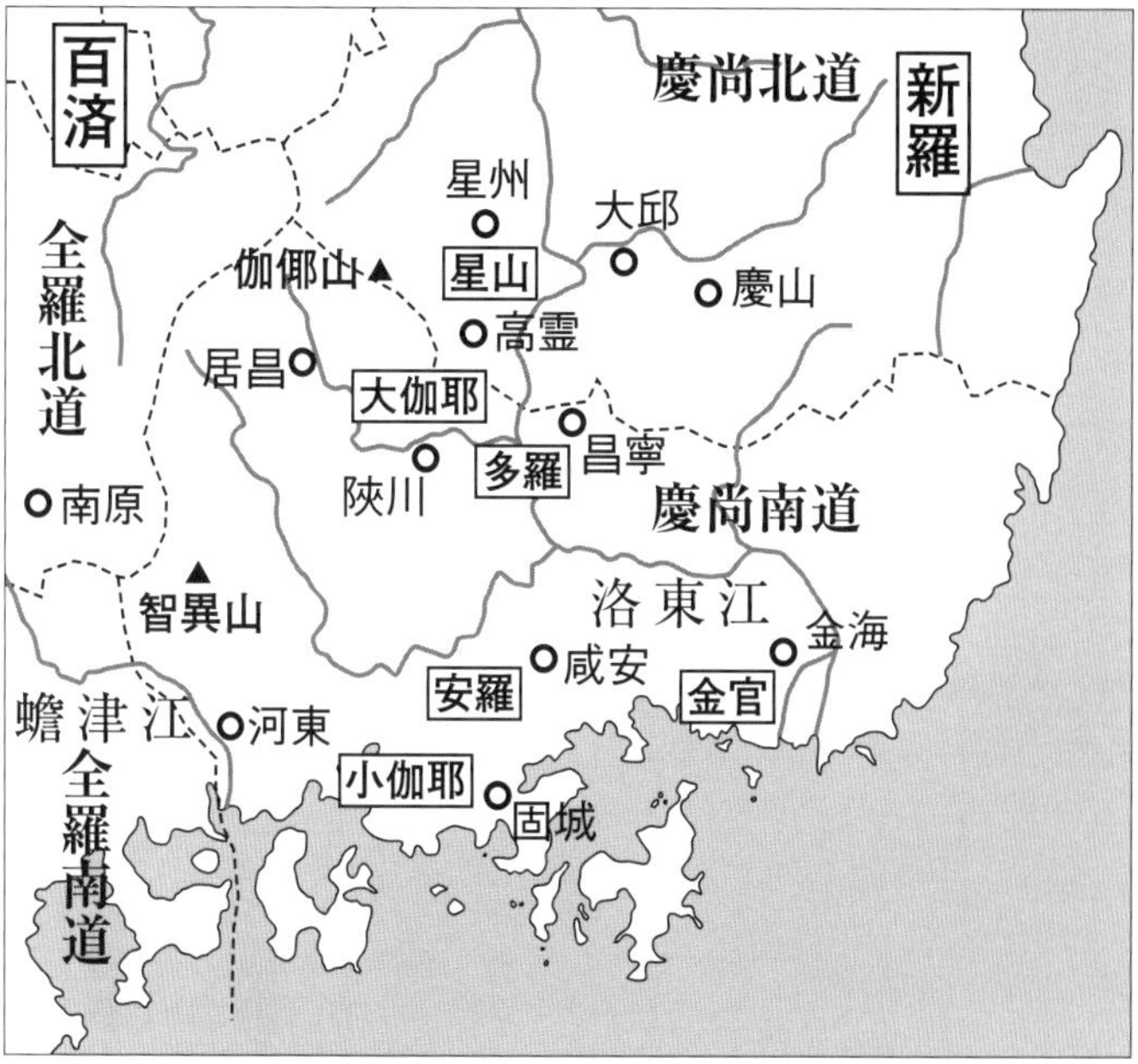

伽耶諸国の概略図（□は国名、○は現代の地名）

功と四代も多羅系の主権者が続いているので、多羅に関する知識は持っていただろう。多羅は扶余族の陜父《きょうふ》という人が二、三世紀に洛東江中流域に立てた国なのである。多羅の彦、多羅の姫をタラシヒコ、タラシヒメという。

それで、列島側の多羅系の人々が百済《ぺくちぇ》は紀元前一八年頃に、温祚《おんじょ》・沸流《ぴりゅう》という扶余族の兄弟が立てた国だと聞いたとき、何だ、それでは自分たちと同じような国ではないか。同じ扶余族が立てた国なら、ペクチェなどとむずかしく呼ばずに、多羅と呼んでも構うことはあるまい。ただ少し古いだけである。旧い多羅だから、旧多羅《くだら》、これは音読でそのままクダラになる。

とすると、クダラは列島側の多羅系の人々が命名した百済《ぺくちぇ》の異称だったということになるのだが……。

草場文書

豊日別宮《とよひわけ》は福岡県旧京都《みやこ》郡行橋《ゆくはし》の草場《くさば》にある。境内には小さな池を巡らした御物殿があり、この中に何が所蔵されているか知る人もいなくなったので、明治以来の保存状態がどうなっているか確かめるため、昭和四七年、宮司・宮代表の人たちが相談の上、門扉を開いた。すると、夥しい古文書や神具がでてきた。

古文書によれば、宮の縁起は、人王三十代欽明天皇二（五四一）年九月十八日・十九日となっており、宇佐神宮の放生会《ほうじょうえ》に関することも詳細に記されていたので、調査関係者は早速このことを市の教育委員会と、宇佐神宮関係者に知らせた。

宇佐市では、神宮、市の行政、議会、歴史研究者たちが動きだし、翌年には「宇佐放生会の復活と保存会」を結成し、同五二年には豊日別宮を「豊日別太神宮」として、宇佐八幡神の御神体である銅鏡の鋳造地・田川郡採銅所《さいどうしょ》長光の古宮《こみや》八幡宮とともに官幣奉納御神幸に招聘したのである。因みに宇佐神宮の縁起は神宮史も観光案内の社伝も、ともに欽明天皇三二（五七一）年で、豊日別宮の創建より三十年も後のことである。

さて、問題はここから起こる。地元の行橋市教育委員会が古文書を整理して「宇佐宮行幸会に関する行橋市草場郷神社古文書」をまとめて発行するとき、古文書にある「人王三十代欽明」を「二九代欽明」に書き直すか、どうか。書き直さねば、この古文書は『日本書紀』と違うことを記録した偽書扱いされるだろう。ということで、結局、書き直して出版されたのである。

豊日別宮と「官幣太神宮」額

地元の郷土史研究家・小田原徳秋氏は憤懣やるかたない口振りで訴えられた。

「二九代欽明か、三十代欽明か、これは大事なことではないか。確かに『記・紀』では欽明は二九代であるが、豊日別の草場古文書では三十代で、以下天智天皇まで年代が一つずつずれている。

それは欽明だけ、うっかり三十代と間違えたというようなことではなかろう。宇佐神宮史でも欽明は三十代と記している。両宮とも皇室の祖先を祀る宮である。その社伝が揃って『書紀』の記述と異なるのは何故なのか。

歴史の研究とは、そういう点を究明するのが本来の仕事ではないか。『記・紀』にそう書かれていない、だからそれに合致しないものは誤りである。学者がそういう態度であれば、日本史の研究はすでに終了していることになる。紀元前六六〇年の二月十一日に神武が大和の橿原で建国の儀式をした。それ以上、何を究明する必要があろうか。」

鋭い問いかけである。

しかし、今、わたしは豊に伝えられる欽明三十代を次のように説明することができる。喜田貞吉の「二朝並立論」を受容すればよい。喜田説によれば、継体は欽明に譲位して没した。その後、安閑・宣化が並立王朝を立てた。しかし、宣化の死後、二朝は和解して欽明朝一本にまとまった。つまり、欽明は、安閑以前にも天皇であったし、宣化の死後にも改めて天皇位についた。二度天皇位についたのである。二度天皇位についた天皇は、皇極・斉明、孝謙・称徳、ともにそれぞれを一代に数えることになっている。すなわち、二六代継体の後の欽明は二七代、並立した安閑・宣化が二八代・二九代、和解後の欽明は三十代になるのである。

喜田貞吉の「二朝並立論」は昭和三年の提唱であるが、戦後、この説を継承する学者は少数派に属している。だから、多数派に属する学者は、三十代欽明など思いもよらぬことなのだろう。

だから、見方さえかえれば、草場文書は、喜田説を立証する貴重な古文書ともいえる。

地震の記録

兵庫県南部地震の報道をテレビでみながら、それが昨年以来、北海道、東北で頻発している地震とはタイプが違うということを知った。

地震とは、地殻内に蓄積したエネルギーのストレス発散であるという。それがプレートとプレートの間で生じたときはプレート間地震である。単一のプレート内部で生じたときは地殻内地震である。地殻内地震が、活断層にそって起こるということも、今度、あらためて知った。昔、地学で習ったような気もするが、それならすっかり忘れていたことになる。とにかく、活断層は、かつてそこに生じた地殻内地震の傷跡のようなものなのだから、活断層のあるところには、いつまた地震が起こっても不思議はない。地図でみると、日本は活断層で傷だらけの列島である。福岡県にも南北に走る数本の活断層があり、警固《けご》（福岡市）にもあるから、ここで地震が生じればまさに都市直下型の地震になるだろう。

『日本書紀』天武天皇七年十二月の条に次の記載がある。

是の月に、筑紫国、大きに地動《なゐふ》る。地《つち》裂くること、広さ二丈《ふたつゑ》、長さ三千余丈《みちつゑあまり》。百姓《おほみたから》の舎屋《やかず》、村毎に多く仆《たふ》れ壊《やぶ》れたり。是の時に、百姓の一家《あるいへ》、岡の上に有り。地動る夕《よひ》に当りて、岡崩れて処遷れり。然れども家既に全《また》くして、破壊《やぶ》るること無し。家の人、岡の崩れて家の避《さ》れることを知らず。但し会明《あけぼの》の後に、知りて大きに驚く。

筑紫大地震の断層跡（久留米市御井旗崎）

これによると、断層の亀裂は、幅二丈、長さ三千余丈だったという。長さの単位は時代によって異なるが、オーバーにならないよう比較的に短く想定した場合、周代の一丈は八尺、一尺は二十二・五センチである。これから計算すると、幅約三・六メートル、長さ約五・四キロメートル以上の亀裂だったことが分かる。民百姓の家屋は、どの村もたくさん倒壊した。その中で面白い話は、ある家が岡の上に一軒あったが、日が暮れて地震になり、岡は崩れてすっかり位置が変わってしまった。それなのに、家は全く無事で、住人は場所が移動したことにも気がつかなかった。翌朝、このことを知って大いに驚いたという話である。

当時は、当然、屋根瓦もあったが、庶民とは関係のない贅沢品だったろう。庶民の家は、萱か草葺きの、雨露をしのぐだけの軽い屋根だったろうから、小造りの家なら、かえって耐震性に優れていたのかも知れない。

もう一つ、『豊後国風土記』日田郡に次の記事がある。

五馬山《いつまやま》、郡の南にあり。昔者《むかし》、此の山に土蜘蛛あり、名を五馬媛といひき。因りて五馬山といふ。飛鳥の浄御原《きよみはら》の宮に 御 宇《あめのしたしろしめ》しし天 皇《すめらみこと》の御世、戊 寅《つちのえとら》の年に、大きに地震《なゐ》有《ふ》りて、山崗裂け崩《く》えき。此の山の一つの峡《かひ》、崩え落ちて、慍《いか》れる湯の泉、処々より出でき。湯の気は熾《さか》りて熱く、飯《いひ》を炊《かし》ぐに早く熟《な》れり。但《ただ》、一処《ひとつ》の湯は、其の穴、井《ゐ》に似たり。口の径《わたり》は丈《ひとつゑ》余り、深き浅きを知ることなし。水の色は紺《こきはなだ》の如く、常は流れず、人の声を聞けば、驚き慍りて、埿《ひぢ》を騰《あ》ぐること、一丈《ひとつゑ》余りばかりなり。今、慍湯《いかりゆ》と謂ふは、是なり。

大分県日田郡の五馬山（現・日田市内）付近で、天武天皇戊寅の年に大地震があり、この五馬山の山峡が崩れ落ちて温泉があちこちに噴き出した。湯気はとても高温で、米を炊くことなど朝飯前だ。一カ所、その穴ばかりは井戸のようで、湯口の差し渡しは一・八メートルばかり、深さは分からない。温泉は普段は流れ出ず、のぞき込んで声をかけてやると、驚いたように、二メートルばかりも泥を噴き出してくる。それは、人にからかわれて、温泉が腹をたてたような湧き方なので、今、人は慍湯《いかりゆ》と呼んでいる。間欠温泉のことだろう。

風土記は、戊寅《つちのえとら》の年のこととして記録し、書紀は七年の十二月としている。七年は己卯《つちのとう》（六七九）、戊寅は六年（六七八）である。岩波の古典文学体系では、それぞれの頭注に他の記事を紹介しているが、まさか注釈者は、「両者一年しか違わないから」とか「筑紫は九州全体を指すときもあるから」とかの理由で、両者を同一の地震とでもいいたいのではあるまい。

方や六七九年、筑紫の国、方や六七八年、豊後の国。方や人家の多い里輪の災害の中の滑稽譚、方や山間の温泉の不思議な間欠泉の名の由来である。地震が集中的に起こるのは、エネルギーの蓄積に要する時間が似たりよったりだからであろう。

銅銭と銀銭の話

1　富本銭は最古の貨幣か

（一九九九年）一月十九日、奈良の飛鳥池遺跡から「和同開珎」より古い「富本銭」が、完形に近いもの六点、半分程度のもの三点、小片二五点、計三四点も鋳棹と一緒に出土したとテレビが報道した。このニュースは忽ち全国を駆け回り、翌日の新聞の賑やかだったこと！　各紙の見出しを読むだけで、マスコミが何を言おうとしているか、よく判るほどだった。

「日本最古？の貨幣」「貨幣史の定説覆す」「天武朝期に大量鋳造」「平城京出土品と兄弟

銭」「最古の貨幣〈富本銭〉の意味」「古和銅と成分類似」……。

マスコミは、富本銭が日本最古の貨幣であるという認識に読者を導こうとしているばかりか、明日からでも歴史の教科書を書き換える必要があるかのように興奮していた。

私は、その騒ぎを眺めながら溜息をつく。

裏を取らないマスコミ

記者は、現場の写真を撮って記事を書き、学者先生に話を聞けば、それで裏を取ったつもりでいるらしい。曰く「栄原永遠男・大阪市立大教授（日本古代史）の話　日本書紀の「必ず銅銭を用いよ」という天武天皇の詔に出てくる正体の分からなかった銅銭の顔が見えてきた。云々」

しかし、本当に裏を取るということは『日本書紀』に本当にそう書いてあるか、そうとしか書かれていないか、それ以外に何が書かれているか、そこを調べることである。

「先生、その『書紀』の天武の詔とやらいうのを、ちょっと、見せて下さい」

そう言えばいい。そう言えば、記者は、いやでも次の文章を読むことになるだろう。

（天武十二年）夏四月《うづき》の戊午《つちのえうま》の朔壬申《みづのえさるのひ》（十五日）に、詔して曰く、「今より以後《のち》、必ず銅銭《あかがねのぜに》を用ゐよ。銀銭《しろかねのぜに》を用ゐること莫《なか》れ」とのたまふ。乙亥《きのとのゐのひ》（十八日）に、詔して曰く、「銀《しろかね》用ゐること止《とど》むること莫れ」とのたまふ。

こうして記者が、当時の銀銭の存在を知ることができたら、富本銭出土の報道はもっと違った形になったと思うのである。

富本銭の前に銀銭使用の例

では、銀銭とは、どんな貨幣だったのか。

天武天皇は、富本銭という銅銭を鋳造して、「今からは銅銭を使え。銀銭は使うな」と詔した。ということは、それまでは銀銭が使われていた。富本銭より古い貨幣があったということになる。富本銭は、最古の貨幣でも何でもないのである。

今までに、富本銭は、平城京から二点、藤原京から二点、難波京から一点が出土している。それが和同開珎より古い貨幣として認定されなかったのは、証拠が不足していたからである。江戸時代から、富本銭は厭勝銭《えんしょうせん》の一種で貨幣ではない、まじない用のお守りだという説があった。それが今回のように、鋳造工房跡から鋳棹付きで出てくると、遺跡が七世紀後半ということもあり、天武朝の貨幣と認定してもよいということになっただけである。

銀銭使用禁止を引っ込めた天武

一方、銀銭の所有者は、突然、使用禁止といわれて黙ってはおられない。一斉にブーイングが起こった。天武は慌てて使用禁止を引っ込め、貨幣としてでなく、ただの銀としてなら使ってもいいと詔を改める。それが四月十五日に出した銀銭使用禁止令につづく十八日の銀使用許可の改詔である。当時の人は、銀銭に刻印された文字を叩きつぶして読めないようにした上で使用したのだろう。この銀銭を学界では「無文銀銭」と呼んでいる。無文銀銭は滋賀県大津市崇福寺から出土している。

天武より十七代前の顕宗紀に「稲斛銀銭一文」の記事もある。斛《こく》は十斗《と》（約一八〇リットル）。但し、この記事は、七世紀以前も日本の中心政権は大和だったとする考え方では、到底、理解できない。

古代史関係のニュースを読むのに、いよいよ頭の切り替えが必要になってきた。

2　大和一元史観では歴史は理解できない

日本で最古の貨幣は富本銭ではない。それは銀銭である。『日本書紀』の顕宗紀には銀銭一文が稲十斗に値するという記録もある。しかし、この辺のことを理解するには、日本の中心政権が七世紀以前から一貫して大和の天皇家にあったと考える歴史観からは無理だろうと、ここまでが前回書いたことである。では、どういう歴史観からなら、それが理解できるか。これが今回のテーマである。

皇国史観から書紀造作説へ

まず、考えなければならないことは、日本の中心政権が七世紀以前に遡っても大和の天皇家にあったというのは『日本書紀』の主張に過ぎないということだ。戦前は、その主張がそのまま日本の歴史であると考えられていた。だから、天からニニギノミコトが雲に乗って天降ったというのも、歴史事実として学校で教えられたものである。

しかし、戦後は、それは皇国史観として排斥されることになった。排斥の原点に据えられたのが、津田左右吉の『書紀』造作説である。あれは作り話である、と。だから学界は、崇神以前は信じられないとか、いや応神以前も危ないとか、継体以後は間違いないだろうとか、いや推古以後なら大丈夫だとか、要するに、『書紀』をできるだけそのまま生かして日本の歴史を見ようとしている。

書紀は天皇家の主張の書

しかし、こういう歴史の見方では『書紀』の主張についての批判が根本的に欠如しているのであるから、どこまで行っても、判らないものは判らないで終わってしまう。今こそ頭を切り換えて、『書紀』は津田左右吉のいうような造作の書ではない、天皇家の主張の書である。編纂者はそれを主張するために、七世紀以前の日本の中心政権の記録を、あたかもそれが自家の記録であるかのように盗用して使った。『書紀』は剽窃の書である、と考えて見ることである。

考古学の学術成果を積み重ねて行くと、弥生時代に開けていたのは、やはり九州で、七世紀以前の中心政権は九州にあったと考えざるを得ない状況になっている。だったら、そういう目で『書紀』を読み直せばいいだろう。随分、多くのことが見えてくるはずである。

引用ではなく盗用

天武が銅銭を作ったときに既に存在していた銀銭とは、いつ、誰が、どこで作ったか。それが『書紀』には書かれていない。造作の書なら、造作して書けばよいのに書かれていない。たとえば「日本旧記」や「日本世記」には書かれていたかも知れないのに、それは引用されていない。引用すれば、天皇家は神武以来、日本の中心政権だったという主張ができないからである。

しかし、天皇家以上に実力を持つ中心政権が大和以外にあって、その政権のボスが銀銭を作ったことは確かだ。天武の時、それが使われていた。それならば、いつ、誰が、どこで作ったかは書かなくても、銀銭一文がどれほどの値打ちであったかくらいは書かなければ、天皇家はそんなことも知らなかったのかと笑われるかも知れない。そこで、その記事を十七代前の顕宗紀に盗用した。

（顕宗二年）冬十月……是の時、天下、安く平にして、民、徭役《さしつか》はるること無し。歳《とし》比《しきり》に登稔《としえ》て、百姓殷《さかり》に富めり。稲斛《いねひとさか》に銀銭一文《しろかねのぜにひとつ》をかふ。馬、野に被《ほどこ》れり。

六〇七年なら九州の多利思北孤

顕宗二年は太歳丁卯で、西暦四二七、四八七、五四七、六〇七年にあたるが、四二七年ならば倭王讃、四八七年ならば倭王武、五四七年は特定しにくいが、六〇七年ならば多利思北孤の治世である。「天下、安く平にして……百姓殷に富めり」や、元年、二年、三年と連続して「曲水の宴」の記事のあることなどから、古田武彦氏は、これらの記事を多利思北孤の事績を盗用したと考えておられる。

銀銭は、多利思北孤の頃、九州の為政者が九州で作らせた貨幣だったろう。

古事記と日本書紀

神名表記の違いは何を語るか

『古事記』神話と『日本書紀』神話が基本的には同じものだという——この、長い間、人々を支配してきた概念を厳しく批判した東京都立大の水林彪教授の文章を新聞でみた。

要約すると、「二書は似たような話で構成されている。最初に天地の始まりが語られ、ついでタカミムスヒ、イザナギ・イザナミ、アマテラス、スサノオなど、おなじみの神々が登場し、大同小異に見える物語がくりひろげられる。……けれども、……たとえば神名。発音すれば同じになる神々も、表記は二書で大いに異なり、そこには神性の相違、ひいては、二書の神話の意味の相違が語られているのではないか。」という問題提起である。

同じタカミムスヒが、『古事記』では高御産巣日神、『日本書紀』では高皇産霊尊である。

「後者の皇という文字には、この神が皇祖であるという意味がこめられている。皇祖といえば、すぐにアマテラスの名が想起されようが、紀本文は皇祖高皇産霊尊と明記した。これに対して記の……表記には、これを皇祖とする意図が見いだされないが、……（紀には見られなかった）日神という属性が表明されている。」さらに日神といえば、アマテラスが連想されるが、『古事記』はこの神を一貫して天照大御神と書き、アマテラスを日神として大日孁貴と書いているのは『日本書紀』だというのである。

スサノオの場合は、最も極端な例である。

「紀では素戔嗚尊。素は素質、戔は人を害すること、嗚は泣くことの意で、全体として、泣き叫んで人を害することを生来の資質とする神の意となる。これに対して記では建速須佐之男命。建は勇猛、速は迅速、スサは「すさぶ」の語幹で勢い盛んなさまだから、強く速く勢いのある男神ということになる。素戔嗚尊は悪神の権化、建速須佐之男命はこの上ない見事な神であるらしい。……建速須佐之男命と素戔嗚尊を一つにして、スサノオなる抽象物を作ってはならない。」

氏のこの指摘は、至極、妥当なものであろう。

王権内部の対立で説明できるか

しかし、氏がこの観点から、「紀記神話は太古からの伝承を記録したものである（本居宣長の立場）とか、六世紀の頃に成立した原形の様々の潤色形態である（津田左右吉の立場）というような理解は維持しがたいものになろう。……二つのテクストは、まさに七世紀末から八世紀初頭にかけての激動の歴史が生み出した作品にほかならず、それらの背景には、この時代の王権を専制的王権として組織するのか、それとも等族制的王権として編成するのかという問題をめぐって、王権内部に深刻な対立があった」とする考察は、私には不十分の印象を拭いがたい。

この不十分の印象のよって来るところを解明すればどうなるか。

二つのテクストが生み出された当時の激動の歴史とは何か。

果たしてそれは王権内部の対立というべきものでしかなかったのか、どうか。

それらについて、いささか、思うところを述べてみたい

大宝の動乱

ここでいう二つのテクストで『古事記』は和銅五（七一二）年の成立、『日本書紀』は

養老四（七二〇）年の成立である。和銅、養老の前後にかけての「激動」と呼ぶに値する歴史とは何だったのか。それを先ず、確認しておきたい。

七世紀後半の事件の中で、誰でもが知っているのは白村江の戦と壬申の乱である。が、それも一段落して、近畿王権（謂わゆる大和朝廷）の正統は、天武、持統、文武、元明、元正と受け継がれていった。持統は、即位後、天皇家ではじめて大嘗祭を司祭することができた。文武は年号を起こして大宝とした。こうしてみると、すべて世はこともなく鎮静化に向かっているように見えるけれども、昨（一九九二）年来続けられている東京での共同研究会の掘り起こしによれば、事態はとてもそんなに生やさしいものではなかったようである。

文武天皇四（七〇〇）年六月　甲午（一七日）、浄大参刑部《おさかべ》親王、直広壱藤原朝臣不比等、直大弐粟田朝臣真人……等に勅して、律令を撰《えら》ひ定めしめたまふ。禄賜ふこと各差有り。

謂わゆる大宝律令の施行であるが、政治がこのように細かく整えられてゆく一方で、ついその半月前には、まだ、こんなことが行われていた。

六月庚辰（三日）、薩末比売《さつまのひめ》・久売《くめ》・波豆《はづ》、衣評督衣君縣《えのひょうどくえのきみのあがた》、助督衣君弖自美《すけえのきみてじみ》、また、肝衝難波《きもつきのなには》、肥人《くまひと》等を従へて、兵を持ちて、覓国使刑部真木《まぎこくし》らを剽劫《ひょうきゃく》す。是に竺志惣領に勅して、犯に准へて決罰せしめたまふ。

これは、行政単位の名称も行政官職の名称も異なる国が九州にあって、それが近畿王権の行政を否定した上で起こした戦闘を記述したものである。ただ、できるだけ、それを大人しく、些細な事件として扱おうとの意図は窺える。

しかし、これを白村江の戦、壬申の乱に発する歴史の脈絡で捉えるならば、断じて一王権内の対立などの言葉でくくられるようなものではあるまい。白村江まで持ち出すのは、次の記録があるからである。

文武天皇慶雲四（七〇七）年五月　癸亥（二十六日）、讃岐国那賀郡錦部刀良《にしこりのとら》、陸奥国信太郡生王五百足《いほたり》、筑後国山門郡許勢部形見《こせべのかたみ》等に、各衣一襲と塩・穀とを賜ふ。初め百

済を救ひしとき、官軍利あらず。刀良ら、唐の兵の虜にせられ、没《もち》して官戸と作《な》り、卌餘年を歴て免《ゆる》されぬ。刀良、是に至りて我が使粟田朝臣真人らに遇ひて、随ひて帰朝す。その勤苦を憐れみて此の賜有り。

これは、あの白村江の敗戦の記憶をまざまざと呼び覚ます捕虜の復員記録である。そしてこの復員は、文武崩御のわずか一月前のことであった。

山沢に亡命し軍器を挟蔵

六月十五日、文武崩御。翌る七月十五日、元明即位。二日後には、一般の大辟罪《だいびゃく》以外に大恩赦が行われたが、同時に、いまだに元明の近畿王権を認めない前王権の正規軍に対する詮議は厳しく、全国に掃討令が出されている。

元明天皇慶雲四（七〇七）年七月十七日……山沢に亡命し、軍器を挟蔵して、百日首《ももかまう》さぬは、復罪《またつみな》ふこと初の如くせよ。

軍器とは、軍事に用いる器具である。武器、楽器、その他、旗なども含んでいただろう。軍防令四四に「凡そ私家にして鼓、鉦、弩、牟、矟、具装、大角、小角及び軍幡を有するを得ず」とある。唐では「諸私の禁ずる兵器を有する者は徒一年半。(弓、箭、刀、楯、短矛にあらざる者を謂ふ。)弩一張、二等を加ふ。甲一領及び弩三張、流二千里。甲三領及び弩五張、絞。私造する者、各一等を加ふ。」というから、おそらく罪の量刑はこれに準じたものであったろう。

元明は武蔵の国に銅山が開発されたので年号を和銅に改め、またまた大恩赦を行ったが、依然として近畿王権に抵抗する勢力は国内から一掃できず、謂わゆる「八虐」は特赦から除外されていた。

八虐とは、謀反《ぼうへん》(君主に危害を加えようと謀る罪)、謀大逆《ぼうたいぎゃく》(山陵・皇居など、君主の権威を象徴する重要な営造物の破壊を謀る罪)、謀叛《むほん》(亡命・敵前逃亡・投降などを謀る罪)、悪逆(直系尊属に暴行を加え、または殺害を謀る罪等)、不道(大量殺人、残虐な殺人、呪術による傷害・殺人などの非人道的な罪等)、大不敬(君主に対し不敬に当たる各種の罪)、不孝(直系尊属に対する各種の罪)、不義(礼儀に反する罪)などである。

さらに元明は、抵抗者の弾圧政策として禁書令を出した。

山沢に亡命し禁書を挟蔵

元明天皇和銅元（七〇八）年正月十一日……山沢に亡命し、禁書を挟蔵して、百日首さぬは、復罪ふこと初の如くせよ。

当時、禁書を挟蔵して亡命した者とはいかなる身分の者か、またその禁じられた書籍とはいかなる書籍か。それはおそらく近畿王権の正史編纂にとって都合の悪い史書であり、その史書を挟蔵して亡命した者とは、それを解読できる者、前政権の高級官僚につながる身分の者だったのに違いない。

このようにして入手できた史書は近畿王権の手によって解読され、正史の補強史料として活用されたのである。すなわち、和銅五（七一二）年に完成した『古事記』は、近畿王権内に伝えられた史書のリライトであったが、その八年後、養老四（七二〇）年完成の『日本書紀』では、この時の禁書狩りで集められた典籍の記録が様々な形ではめ込まれている。曰く、旧記。曰く、百済記。曰く、百済新撰。等々。

書紀編纂の編集内規

書紀編纂者たちの矜恃は、自分たちは歴史に空想は書かなかったという一点だったろう。全ては、拡大解釈も含めての引用である。誰が何をした、という場合、その何をしたの部分は、自分たちが創作したのではなく、すでに誰かがそれをしていた、と書いてある。それをはめ込んだだけである。現に、それをしたと書いている史書はこんなにもたくさん残っている。ただ、こんなことをした誰かが天皇家の祖先以外であれば、世の中が混乱するから主語だけは換えたが、時代などは、かなり苦労して正確を期したつもりだ。だから、辻褄のあわないところもあるかもしれないが、それはそのまま正直に書いておく。固有名詞の表記にしても、使用した史書の表記は尊重して残した。これが『日本書紀』編纂の編集内規だったろう。

ともあれ、こうした作業の一方で、禁書に指定された史書狩りには、おそらく五、六年を要したのではあるまいか。なぜならば、和銅四、五（七一一、七一二）年にかけて書かれた『古事記』には、それらが全く活用されていないからである。しかし、遅くとも養老元（七一七）年に史書狩りは終わる。

元正天皇養老元（七一七）年十一月　癸丑（一七日）……山沢に亡命し、兵器を蔵禁《ぞうきむ》して、百日首さぬは、復罪ふこと初の如くす。

だが、史書狩りは終わっても、まだ、このようにして刀狩りは続くのである。

新生日本国と旧倭国の対立

元正天皇霊亀二（七一六）年の記事には、大宰府の上奏として、

豊後・伊予の二国の界、従来戍《じゅ》を置きて、往還することを許さず。

ともある。戍とは武器を執って国境を警備することであり、その役目、その屯営、それをする人のことである。この時点、この地点に、近畿王権が戍を置いていたことの意味は一考を要する。

これは早くから荒金卓也氏が注目したところであるが、これこそ、白村江の敗戦後、政

権を交替した近畿王権激動の歴史の実体というべきであろう。『旧唐書』が記録したように、この時期の日本列島は、新生日本国と旧倭国との分裂対立状態がしばらくつづき、やがて旧倭国は、脳死状態、心臓停止を経て歴史から消滅されるのである。

その心臓が停止するかしないかの状態のとき、新生の近畿王権が、どう声高く万世一系を唱えても、旧政権の復権を求める九州王権亡命者の抵抗運動は一朝一夕に封じられるものではなかった。これは、単なる政権内の対立として捉えるには、余りにも根強く広範な抵抗である。

とすれば、水林氏のいう、専制的王権として編成するか、等族制的王権として編成するかの問題は、一王権（近畿王権）内部の問題としてでなく、新生近畿王権と残存九州王権との対立として捉えるべきではないのか。また、神名表記の異なる二書に見られる神性の相違の問題、ひいては、二書の神話の意味の相違も、九州王権と近畿王権が、それぞれに語り伝えた神話の相違として受け取るべきではないのか。

私にはそのように思われてならない。

古事記のなかの楽器

縄文の笛

名古屋の熱田神宮で毎年五月四日に行われる酔笑人《えようど》の神事は「オホホ祭」とも呼ばれている天下の奇祭である。その縁起については、天智天皇七（六六八）年に故あって神剣が皇居に留まるということがあったが、天武天皇朱鳥元（六八六）年、勅命により再び還座した。そのとき、社中こぞって歓喜笑楽したさまを今に伝えるものだといわれている。

神事の次第は、日没後、祢宜以下の祭員十七名が齋館を出て祓所でお祓いを受け、末社、影向間社に左右二列に並んで着座するところからはじまる。まず笛役一人が神前に進んで面筥の封を解く。上臈が一人ずつ出てきて、笛役の授ける面を装束の袖に隠して復座する。ついで下臈が神前に蹲踞すると、みんながその周りを丸く取り囲む。暗闇の中で、これらのことが粛々と行われるのである。

さて、これからが面白い。下﨟が中啓で面を袖の上から軽く叩くと、みんなが口々に「オホ」と微かに笑う。また叩く。また笑う。三度同じように繰り返した後、笛役が「タロリーッ」と笛を吹くと、それを合図に全員が大声で笑って、それで神事は終る。祢宜たちは暗闇の中を粛々と齋館に引き上げるのである。

この神事に、縄文の祭の面影をみるという学者がいる。

この神事には、いっさい金属器が使われていない。旧石器、縄文は、それほど牧歌的な時代ではなかったはずで、逆に生きることは苦しみの連続だった。そのなかで人間は、せめて笑って憂さを忘れた。これこそ『古事記』にある岩戸隠れ説話の背景をなす笑い神事の原型だろうというのだ。多神教のゲルマンの祭なんか、見るも無惨にキリスト教化されてしまっているのに、日本は神仏習合だったから古い伝統の祭りが遺された。縄文の神事が、二十世紀まで伝えられている日本は幸せだというのである。

なるほど、山口県の綾羅木遺跡から出土した弥生の笛が最古だと思っていたが、縄文にも笛があっておかしくはない。それは竹笛以前の、木の葉を唇に当てるだけの笛だったかも知れない。笛がいちばん古い日本の楽器だとしたら、日本の楽器は管楽器からはじまったといえるのだろうか。

弥生の太鼓

アマテラスは、どう考えても弥生時代である。なぜならば、孫のニニギを新しく統治すべき筑紫に遣わすに当たって、鏡・剣・玉をもたせて送りだしたからである。おそらく、それは吉武高木遺跡から出土したような青銅の鏡と剣だったろう。玉は勾玉だったかも知れないし、管玉だったかも知れない。

そのアマテラスがまだ若かった頃、世の中がいやになって、岩戸隠れしたことがあった。そのへんの経緯を『古事記』でみると次のように書いてある。岩波の古典文学大系は用語がことさらに大仰だから、読み易い鈴木三重吉の名作『古事記物語』から引用することにする。

「すると女神は日の神さまでいらっしゃるので、そのお方がお姿をお隠しになるといっしょに、高天原も下界の地の上も、一度にみんな真っ暗がりになって、それこそ、昼と夜の区別もない、長い長い闇の世界になってしまいました。（中略）そうすると、思兼神という、いちばん賢い神さまが、いいことをお考えつきになりました。みんなはその神さまの指図で、さっそく、鶏をどっさり集めてきて、岩屋の前で、ひっきりなしに鳴かせました。（中略）それから一方では、……鏡を作らせ、曲玉を作らせ、山から榊を根抜きにしてきて、……釣り下げました。そしてある一人の神さまが、その榊を持って天の岩屋の前に立ち、ほかの一人の神さまが、そのそばで祝詞をあげました。それからやはり岩屋の前へ、あきだるを伏せて、ウズメという女神に、……かづらのたすきをかけさせ、かづらの葉を髪飾りにさせて、そのたるの上へあがって踊りを踊らせました。ウズメは、お乳もお腹も、腿もまるだしにして、足をとんとん踏みならしながら、まるでつきものでもしたように、くるくるくるくると踊り狂いました。」

滋賀県には百笑と書いて「どよめき」と読む地名があるそうだが、ここで八百万の神々は笑いどよめき、何事かと顔を出したアマテラスは、その一瞬の機会に岩屋から連れ出されたというわけである。これも一種の笑い神事だが、ここで使われた楽器はあきだるであった。革を太鼓に張る技術はまだなかったのであろうか。弥生の打楽器はあきだるであった。

天の詔琴

『古事記』に楽器の名前が直截に記録されているのは琴である。有名な場面は「神功皇后の新羅征伐」の段。仲哀が香椎の宮で神のご託宣を受けるのに琴をひくくだりである。神功が受けたご託宣では、西に金銀の国があるということだったが、西は海ばかりで、そんな国はどこにも見えないと言って、仲哀は祭場に座っても一向に琴をひこうとしない。建内宿祢が諫めるのでしぶしぶひき始めたが、間もなく琴の音が途絶えて、仲哀は息絶えていたというのである。

ここでは「大御琴《おほみこと》」となっているが、神憑りの祭に使う琴だから、大国主の「根の国訪問」の段に出てくる「天《あめ》の詔琴《のりごと》」と同じ目的で使われる琴のことだろう。大国主は、根の国でスサノオの娘のスセリ姫に会うが、娘の一目惚れした大国主を父親のスサノオは徹底的にいじめる。それで、大国主はスセリ姫と示し合わせて、スサノオが眠っている隙にこっそり逃げようとするが、そのとき、持ち出そうとしたのが太刀と弓矢と「天の詔琴」であった。その琴が木の幹に当たってジャラジャランと大きな音をたてて鳴ったので、スサノオは目を覚ます。

結局、スサノオは二人の仲を認めて、出雲を大国主に任せるのであるが、縄文から弥生にかけて、ご託宣を受けるときに奏でる琴という楽器は、宗教的支配力を象徴したものかも知れない。

本居宣長が記伝に「上代には、夫婦の結びをなすに、必ず女の親の方より、婿に琴を与えて、それを永く夫婦の中の契りとせしことにぞありけむ」といっているのは、付会の説である、と岩波は校注している。

このほか、琴は仁徳の「雁の卵の祥瑞」の段にも出てくる。摂津の日女島に雁が卵を生んだので、天皇は建内宿祢に尋ねた。

「そちは世に希な長者だから聞くが、日本で、雁が卵を生んだ話を聞いたことがあるか」

「なるほど、これはごもっともなお尋ね。わたくしめも、かほど長生きはしていましても、まだ聞いたことがありません」

そして宿祢は天皇の側にあった琴をお借りして、

「あなたさまの御子が、いついつまでも世を統べられる吉兆でございましょう」

と歌ったという。このくらい平気でヨイショのできた人だから、建内宿祢は出世したのだろう。

古墳時代の太鼓

太鼓は、中国では普通、大鼓と書き、革張りだから、単に革と呼ぶこともあった。日本では古くは「つづみ」と呼んでいたことが『古事記』や『万葉集』の表記から知ることができる。しかし、太鼓とは別に、鼓《つづみ》の大きいのを大鼓《おおかわ》と書くので、現在ではそれと区別するために太鼓には点がある。鼓は七世紀に百済から伝えられた腰鼓が日本化したものである。「つづみ」は『古事記』では「都豆美」とある。仲哀天皇の「気比《けひ》の大神と酒楽《さかくら》の歌」の段に出てくる。

仲哀が筑紫香椎の仮宮で客死したとき、第二夫人の神功の他に、志賀の都には、れっきとした大中津比売という正后と二人の王子がいた。兄が香坂《かごさか》王、弟が忍熊《おしくま》王。順序からいえば香坂王が皇太子だったろうと思われる。にもかかわらず神功は、仲哀の死後、生まれた自分の子に位を嗣がせようとして強引に都に攻め上った。香坂王は一戦を交える前に死に、忍熊王には休戦を申し入れて油断させ、その虚を衝いて一気に優勢にたったのである。追いつめられた忍熊王はついに琵琶湖に入水する。しかし、その死を確認するまでは安心できないので徹底的な捜索が続けられ、やがて遺体は宇治川で見つかって一件落着。首尾よく神功は政権を手に入れて、自分の子を皇太子にすえることができた。この皇太子が後の応神である。

さて、この応神がまだ皇太子の頃、建内宿祢と一緒に越の敦賀まで出かけたことがあった。久しぶりに帰ってくるというので、神功は酒をつくって待っていた。

この御酒《みき》は　我が御酒ならず　酒の司　常世に座す　石立たす　少名御神の　神寿《かむほ》き
寿き狂ほし　豊寿き　寿き廻《もとほ》し　献《まつ》り来し御酒ぞ　満《あ》さず食《を》せ　ささ

そこで建内宿祢が応神に代わって、

この御酒を　醸《か》みけむ人は　その都豆美　臼に立てて　歌ひつつ　醸みけれかも　舞
ひつつ　醸みけれかも　この御酒の　御酒の　あやにうた楽し　ささ

太鼓は元来、悪霊や鳥や敵を威嚇、撃退するために使われたというが、ここでは景気をつけながら酒をつくったものと思われる。

「音、律呂に協ふ」銅鐸

考古学者は、しばしば煮えきらないことをいうので素人はいらいらさせられる。

「中国の銅鐸は楽器であった。日本の銅鐸はどうかというと、これまでに出土した銅鐸の中で、楽器として使用された明証のあるものはごく希である。だから〈日本の銅鐸も楽器である〉と断定することはむずかしい。しかし、特大の銅鐸を例に挙げて、これは釣り下げて揺り動かすには不適当であるという理由から〈日本の銅鐸は楽器ではない〉というのもいかがなものか」

「結局、分からないということですか」

「分からないわけではないが、まあ、まだ断定はできない段階です」

これでは、話にならない。昔の人の方がよっぽどはっきりしている。

銅鐸を最初に見つけた人は考古学者でも何でもない。多分、土建屋さんである。平安時代に書かれた『扶桑略記』には、

（天智）七年戊辰（六六八）正月十七日。近江国志賀郡に於て崇福寺を建つ。始めに地を平らかならしむ。奇異の宝鐸一口を掘り出だす。高さ五尺五寸。

とあるだけだが、これが、その次に掘り出された時の記録になると、さすがに『続日本

紀』は正史である。

（元明）和銅六（七一三）年秋七月丁卯（六日）。大倭国宇太郡波坂郷の人、大初位上村の君東人、銅鐸を長岡の野地に得て、之を献ず。高さ三尺、口径一尺。其の制、常に異にして、音、律呂に協《かな》ふ。所司に勅して之を蔵せしむ。

これは、大和朝廷の儀礼制度で使う楽器とは異なるが、その音は音楽の六律六呂《りくりつりくりょ》にかなうものであるとして、立派に楽器であることを証明している。高さは九〇センチもあるのに、釣り下げて揺り動かしにくいので楽器ではなかろうなどと考えないところがいさぎよい。しかし『古事記』も『日本書紀』も銅鐸の記事は一切カットした。

なぜか。弥生の銅鐸文明は、東遷した銅鏡文明に滅ぼされたからである。勝者の歴史は粉飾までしていかにも格好よく伝えられたが、敗者（登美のナガスネヒコ、旦波のクガミミノミカサ、山代のタケハニヤス、摂津のサホヒコら）の歴史は、記憶からも記録からも完全に抹殺されたのである。

八絃の琴

先に「天の詔琴」のことを書いたが、『古事記』に琴の話題がまだあった。清寧の「二王子発見」の段である。

清寧には子がなかったので、誰か血筋に当たるものはないかと探していたときのこと、播磨の国へ新しい国造が赴任していった。土地の長者の新築祝いに招かれて、飲めや歌えやと宴席は盛り上がり、果ては竈の火焚きの兄弟まで舞わされる羽目になった。弟は、兄に向かって先を譲り、兄は弟に先を譲り、その譲り合うさまが身分卑しい小奴に似合わず、みんなは返ってそれを興がったものである。

そのうちに、とうとう兄が先に舞った。ついで弟が舞い始める前に、

「物部の、つわもののの、身につけし、刀の柄を、赤く染め、その緒には、朱の幡飾り、幡飾り立てて振るとも、藪深く見れど隠れる。その藪の、竹を割り裂き、なびかせる、八絃《やつを》の琴の、とどのいし調べにも似て、天の下治めたまいし、イザホワケ天王の御子、イチノべのオシハノミコの裔」

と、朗々と歌ったので、国造は驚いて床から転げ落ちてしまったという。

琴は、現在では、二十絃も三十絃も張って演奏されるが、物の本によれば十三絃を箏《そう》、

七絃を琴《きん》、六絃を和琴《わごん》というそうである。では、『古事記』の八絃の琴は何と呼ばれるのだろうか。

ともあれ、絃の本数は昔に遡るほど少なくなるようだ。韓国の古典楽器「伽耶琴」は十二絃である。高句麗の「玄琴」は六絃である。正倉院の御物には、十六絃、十三絃、六絃がある。

ところで、現在、唯一の現存楽譜として国宝「五絃琴譜」なるものがあり、これは五絃の琵琶の楽譜ということになっているが、果たしてそうか。五絃琵琶のことを五絃琴というのであろうか。

というのは、『隋書』俀《たい》国伝に、

　楽に五弦の琴、笛あり。

とあるからである。多利思北孤の宮廷には五絃

沖の島５号遺跡出土の金銅製五弦琴ミニチュア（「海の正倉院 宗像沖ノ島の遺宝」1978）

琴があった筈である。推古天皇の宮廷にはなかったから、正倉院には伝わっていないだけである。

その証拠に、多利思北孤が君臨した九州の〝海の正倉院〟といわれる沖の島からは五絃琴のミニチュアが出土した。

舜、五弦の琴を作り、以て南風を歌う。

と『礼記』にある。舜は、紀元前二二五五年の中国の帝である。隋は七世紀の日本に五絃琴があるのを知り、珍しいので記録したのであろう。

エクアドル訪問記　倭人は太平洋を渡ったか

『魏志』倭人伝の中に史家があまり取り上げない十八字から成る文章がある。

又有裸國黒齒國復在其東南船行一年可至
（また裸国・黒歯国有り、またその東南に在り。船行一年にして至るべし）

古田武彦氏（古代史家）は、この「裸国」『黒歯国」を南米アンデスに連なる太平洋海岸部に違いないと考えた。現在のエクアドルである。確かにエクアドルは当時の倭地から見れば東南に当たる。倭の時代の一年は二倍年暦で現在の半年に当たるから、黒潮に乗って古代の九州人は太平洋を漂流航海したのだろうというわけである。堀江謙一、鹿島郁夫、牛島龍介、皆ほぼ三カ月の航海でアメリカ西岸に達している。そこから南下して南米までほぼ倍の六カ月かかるのではなかろうか。角川春樹の野生Ⅱ号もおよそ半年の日程で、日本から一万海里のチリまで漂流航海に成功している。

そういうわけで『古代、九州人は太平洋を渡った』（仮題）というドキュメントを企画した私たちは、七月の終わりから八月の初めにかけて一週間エクアドルを取材した。古代の倭人が本当に太平洋を渡ったのなら、何かその痕跡のようなものでも見つけたい……と。

ところで、アメリカ・スミソニアン研究所の考古学博士ベティ・J・メガーズ女史は、エクアドルのグアヤキル村から出土するおよそ五千年前の土器の文様が、ほぼ同時期の縄文中期といわれる九州の曽畑式土器の文様と酷似している点を指摘して、いわゆる「縄文バルディビア説」を提唱している。エクアドル取材の最大のヤマ場は、女史と古田氏と同行してこのバルディビア遺跡を訪問するシーンになった。

バルディビア遺跡訪問

八月一日、十五人乗りのマイクロバスに乗ってグアヤキルを発つ。メガーズ女史は英語、取材立ち会いの大統領府広報官はスペイン語、運転手はドイツ語、私たちはもちろん日本語、通訳は耳にてのひらを添えて、横を向いたり後ろに身を乗り出したり大変である。

グアヤキルからバルディビアまでは、首都のキトで聞いた時には一時間という答えだった。それがグアヤキルで改めて聞き直すと二時間だった。しかし、この分では三時間はゆうにかかりそうだ。やがて車は無人の砂漠にさしかかり、行けども行けどもそれらしい気配さえない。起伏して延びる一本の舗装道路がやきつくような太陽の下でジェランヌ現象を起こし、はるか前方を走る車が突然消えたかと思うと、また突然現れる。かなり走ったあと急に涼しい風の気配が感じられ、潮の匂いがしますね、と古田氏。海洋民族倭人説の嗅覚はさすが鋭い。車は白いボタ山のような塩田地帯を右に、太平洋を左に見ながら北進する。「今は塩田ですが、五千年昔は大きな入り江でした。今でも掘れば、まだまだバルディビア期の土器がでるはずです」とメガーズ女史。

海岸線と別れて再びサボテンの台地に入り、左がアヤンギの岬行き、まっすぐがバルディビア。峠を越えると、白波の打ち寄せる浜辺が忽然とひらけて、目指すバルディビア村はその浜辺沿いにあった。村は、土曜日の午後のせいか、沿道の家並みから人々があふれるように道端に出ている。道路標識が立っていて、バルディビアと読める。

メガーズ女史に言わせると、二十年前、エクアドルの学者エミリオ・エストラーダ氏や夫君クリフォード・エバンス氏と一緒に、ここの貝塚を発掘した当時の面影はすでにないという。しかし、古代日本人太平洋渡海説の古田氏にとっては、ここは多年、想像の中にだけ思い描いた「裸国」であり「黒歯国」なのである。「ここですか。ここですね」。その短い言葉の中に古田氏の感動は十分うかがうことが出来た。

縄文土器との相似を求めて

掘り返された遺跡の周辺には今もなお、破砕された土器の片々が散乱している。メガーズ女史が拾い上げてみせる土器の破片には、五千年前のだれかが刻みつけた櫛目の文様がはっきり見えた。壺の肩のあたりと思われる部分に、いとおしむように飾りつけられたつめ跡の列や指の圧痕が、泥をこすり落とすと現れてくるのである。貝殻のふちでこさいだ文様、骨で引いた線……似ている。確かにそれは縄文の文様そっくりである。古田氏はただうなるばかり。二十年前、私はあなたの発掘を手伝いましたという老人が、メガーズ女史に握手を求めに来たりした。

村の人々は私たちを日本人と知るや、たちまちカメラをとり巻いて人垣をつくり、犬がそのまわりをほえ回る。妹の手を引いた兄、赤ん坊を抱いた御寮さん……思いなしか、そのまなざしは日本人に似ている。

ハダカ島

浜辺に出ると、波頭を白く砕きながら大きなうねりが寄せ続けていた。この村は二千人ほどの半農半漁だが、一直線に横に広がっているなぎさはもろに太平洋の大波が押し寄せるのに、漁船をかばう波止ひとつない。浜辺には人力であげ降ろしできる程度の小舟が幾艘かあるだけである。黒いカモメが群れ飛んでいた。この波は、何カ月前に日本の岸辺を洗ったのであろうか。そしてまた何カ月後に日本の磯辺を打つのであろうか。

村の若者が、沖の島影を指して「ハポン」と叫ぶ。「あの島は何ですか」と古田氏が聞く。通訳が尋ね、若者が答え、通訳は整理して古田氏に答える。「あの島は、ペレドという名です。今は人が住んでいないそうです。ペレドは裸という意味で、ですから裸島ですね」。古田氏は、思わずドモっていた。「ハ、ハダカ島ですか」。ついに「裸国」をみた興奮からか、古田氏は沖のその島を凝視したまま動かなかった。そして五千年の間、この海の大きな流れが変わらなかった以上、ここに確かに縄文の九州人が漂着したことは間違いない、と確信したふうであった。

Ⅳ　最後の授業

最後の授業

敗戦が近づきつつあった七月の下旬、海軍兵学校防府分校では赤痢が発生した。患者が増えて病院のベッドは不足を来たし、雨天体操場に布団を敷いて収容する始末であった。便器は、酒樽に板を二枚渡したもので代用し、それが一杯になると校庭の隅に掘った汚物廃棄場に捨てに行く。作業員は健康な生徒が自発的に応じたが、ついにはその作業をつづけたために新たな感染者を出すという事態にまで至った。

追い討ちをかけるように、空襲で生徒館が全焼した。これでは授業も困難である。一学期の試験も終わったことだし、しばらく休暇に這入るのではないのか。——生徒たちは勝手な想像をひそかに囁き合っていた。

夜の自習時間に、全員、講堂の前に集められ、広島を視察して来られた部監事の話も聞いた。被爆の惨状は、それを見なければ誰にも信じられない、想像を絶するものだったという。

連日、深夜の空襲警報に、待避壕での仮眠が続くので睡眠不足だったが、それでも課業は日課表割通りに行われていた。


その日、数学の西岡大尉は、いつになく沈んだ顔をされていた。

「試験は終わった。みんな、できたか」

低い声で、かすかな笑いを浮かべながらそうお尋ねになると、生徒たちは、できたともできなかったとも答えられずにいた。

すると教官は、手を後ろ手に組んで教壇から降りて来られ、机の列の間をゆっくりとした足取りで回り始められたのである。

生徒の顔を、一人ひとり、確かめるように大きな目でご覧になり、黙って教室の中を巡回して行かれた。ふと、一人の生徒の横を過ぎると、思い出したように振り返り、

「できたか」

と、また低い声で聞かれた。

「はい」

と、その生徒も低い声で答えると、頷きながら教壇に戻られ、今度は窓の外を眺めながら、しばらくそのまま黙って突っ立っておられた。

「山中鹿之助を知っているか」

一寸、生徒の方に目を配り、また窓の外に顔を向けられて、窓に向かって山中鹿之助の話をはじめられた。

「山中鹿之助は、尼子十勇士の一人だ。尼子は毛利に敗れた。しかし……」

敗れても敗れても、敗れた主家の再興を図って力を尽くした戦国の武将の物語である。山中鹿之助は、主家に殉じて死ぬことを選ばなかった。生きて、その再興を願った。そのためには、月に向かって、われに七難八苦を与え給え、と祈った。

「私は山中鹿之助が好きだ。授業を終わる」

今、思うのに、このとき、西岡大尉は、すでに日本の敗戦をご存じだったのではあるまいか。

しかし、まだ、それは口に出してはならない時であった。にもかかわらず、それをにおわすような話を敢えてなさったのは、この時をおいては、その機会がないとお考えになったからだろう。すでに発病されていたのだ。

その日以後、西岡大尉の姿を見かけたものはいない。赤痢で入院されて、誰にも面会謝絶ということであった。

四十九年ぶりにお会いした西岡大尉の名刺には、工学博士、理学博士、東京工大名誉教授とあった。山中鹿之助の話をすると、それは記憶していないと照れておられた。

私はこの話になると、ドーデーの「最後の授業」を思い出す。

ペンギンの話

卒寿をすぎた人でも観光で南極に行けるような時代になった。最近、その南極から帰ってきた長老を招いて、卓話を聞く会が開かれたそうである。

それを耳にした緒方道彦さんが、ぽつんと独り言のように呟いた。

「ペンギンは今でも昔のように大らかな好奇心を見せてくれるだろうか」

緒方さんが南極に行ったのは半世紀近くも昔のことである。戦後、第三回地球観測年の協同観測地域に南極が選ばれ、日本も第一次南極観測隊を派遣した。隊長は永田さん。越冬隊長は西堀さん。観測船は宗谷（四千トン）で、昭和三十一年の十一月に東京を出発した。アフリカの喜望峰を経由して、南極のクイーン・マウド・ランドのリュツホルム湾を目指した。

観測隊はそこに上陸して昭和基地を設営したが、一口に上陸といっても、その上陸が大変だった。船と海岸の間を厚い氷原が隔てて船の接岸を拒んでいる。宗谷は体ごと氷にのし掛かり、船の重さで何とか氷を割ろうとするのだが、びくともしない。船体の三分の一ほどを氷に乗り上げ、エンジンをフル回転させて力一杯力んでみても、やがて疲れてエンジンを切ると、船は氷の上を滑って海に戻されてしまうのである。宗谷はこのチャージングを四回繰り返し、遂に水路を開いたが、一月の南極、白夜の薄明かりの中で宗谷の悪戦苦闘は明け方まで続くのであった。

ところで、ペンギンの話は、宗谷の悪戦苦闘中のことである。

宗谷の船長は元帝国海軍の駆逐艦艦長で、操船技術には自信があり、負けん気の強い人だったから、こう考えた。

「宗谷が砕氷船なら、船首は特別頑強に改造されているはずである。それなら、船を一旦沖に戻して、そこから走り幅跳びの助走のように勢いをつけて氷原に突っ込んでみたらどうだろう。一回で成功は難しいかもしれないが、二度、三度と、ポイントを定めて同じ所に突撃すれば、意外に罅《ひび》くらい入るかもしれない。真っ白の氷原では、どこも同じように見えるので、ここは一つ目印をおく必要がある。工事標識のように赤い目印の旗を十メートルほどの間隔に立てて、その真ん中ほどを狙って突入する。狙えばポイントは五十センチとはずしませんよ」

船長は自信に満ちていた。

緒方さんは、医療・生理学の担当として参加していたので、隊員が健康でさえあれば、こんなとき、なんの仕事もない。野次馬精神の固まりのような若さだったから、その激突作戦を船首の甲板に座り込んで観察したのであった。

すると、そこに、緒方さんと同じような好奇心の持ち主がいたではないか。それがペンギンたちだった。船が氷原に近づくと、赤い旗と旗との間に等間隔に並んで——一斉に、仰ぎ見るようにこちらを向いて立っているのが見えた。

その列の中に宗谷が突っ込んでいくと、彼らは衝撃で忽ち引っくり返り、白い腹を下にして、短い翼をひらひらさせながら八方に散る。それが、一度だけではないのだった。

船長が、意地になって突撃を繰り返すと、そのたびにペンギンたちは一列になって突撃する宗谷を見上げて並んでいた。そして宗谷が追突すると、そのたびに、全員、引っくり返って、滑り落ちたというのである。

好奇心は、極寒の地に生きるものにとっては必要な本能だというけれども、ペンギンたちは、今でもあのように大らかな好奇心を見せてくれるのだろうか。ペンギンも半世紀も経てば変わっているかも知れない、というお話。

幻のスンダランド

新聞で次のようなコラムを見たことがあった。

この国の人の特質をあげよう。

＊

①裏表がある。建前と本音。②長いものには巻かれろ主義。③おもねる。だから、権力者の耳に真実が届かない。④迷信深い。「近代化」という呪文も鵜呑みにする。⑤性格が弱い。生き残るためには変節を厭わない。⑥しかし、芸術的才能に富む。

＊

『インドネシア人の自画像』（勁草書房）の著者M・ルピス氏の分析だ。この〈狡猾で狭量な自己を脱ぎ捨てなければなりません〉。

ショックを受けて、思わず、そのコラムを切り抜いたほどである。

〈へえー、インドネシア人の国民性とはそういうものか、と驚いたのではない。この国の人の特質をあげよう、と書いてある「この国の人」を、てっきり、日本人のことばかり決め込んで読み進んでいた自分に、まず、驚いたのである。ということは、私には、これらの特質について、日本人として十分すぎる自覚があったということである。

書いた人も、そのように驚かしてやろう、と思って書いたのに違いない。こういうのを見事に思うつぼにハマッタ、とでもいうのだろう。

同じようにハメテやろうと思って、ある日、飲み友達に言った。

「次のような性格ないしは傾向をもつのはどこの国民か」

そうして次々に、その六箇条を読み上げたのである。

友達は、チビチビやりながら、途中から白けた顔で聞いていたが、

「以上」

と私が質問を終わると、いかにも質問者をバカにした調子で、

「バーカ。日本人にきまっとる」

と答えたものである。

それが、実はインドネシアの話だと明かしたら、驚いたり、感心したりしていた。

ところが、よくよく考えてみると、果たしてこれは日本人についてだけ言えることであろうか。お隣りの韓国人にも言えることではないのだろうか。

そう考えると、突然、今度は、この質問を韓国の知人に対して試してみたくなった。

だが、韓国人といえば外国人である。すぐに、二、三の顔を思い浮かべたが、何十年もつきあっている友達ではない。しかも、質問は、短所ばかりを並べたようなものだから、この決め込み遊びは外国人には差し控えるべきだと、思いとどまった。

しかし、日を重ねるうちに、私の知的好奇心は膨らむばかりで、遊びでなければ許してもらえるだろう。こちらが真面目に質問するのであれば、向こうも正直に答えてくれるはずだ、と、とうとう、S先生に手をついてお願いした。

「S先生、これはインドネシア人の特性だという話ですが、韓国人にも同じような傾向はございませんか。まず、裏と表がある。つまり、本音と建て前。○×で教えて下さい」

S先生は、一つ一つに、十分な時間をかけてよく考えた末、答えて下さった。すべて○

だった。その上、なぜ、そういえるのかの事例もあげて説明した下さった。

　私は、今から二十万年前には、インドシナ半島・マレー半島・スンダ列島・ボルネオ島を含む幻のスンダランドというのがあって、そこが大部分の東アジア人の故郷だと考えているから、性格がインドネシア人に似ているといわれても、ただ、懐かしいだけである。

末技について

麦雲斎黄村葉という人は五十何歳であろうか。雅名から想像するよりは相当に若い。本名は木村魏といって、寺の息子だそうである。彼を初めて飲み屋で紹介されたとき、私の名刺を見て彼はこう言った。

「ほう、お宅も中国の国の名ですね」

言われて私もなるほどと頷いたものである。清、明などは普通かもしれないが、「三国志　魏書東夷伝」の魏を名前に持つ人だから、陳寿がそれを書いたときの西晋の晋も直ぐ目についたのであろう。それはただそれだけのことであったが、以後、何とはなしに私は麦雲斎に心を許した。

或るとき、酔った私が大声で天皇制談義をしていると、麦雲斎は少しも異を唱えること

なく、

「そう、そうですよ」

と、かえって拍子抜けするくらいであった。

私の話は、もしも日本に天皇制がなかったとすれば、明治以降の我が国の近代化はどんなに違ったものになっていたのかという、まさに寝言のような酔っぱらいの戯言だったのである。

私はいまだに麦雲斎の職業を知らない。何をして食べているのか、向こうも言わないしこちらも気にしない。一度奥さんが人形の個展を開いたというので見に行って、中に可愛らしい人形もあったが、ひどく不気味な人形もあった。夜、奥さんが、あのように鬼気迫る人形つくりに没頭している間、麦雲斎はひとりで何をしているのだろうと思った。

麦雲斎自身の創作だという「猫」の短編をいくつか見せて貰った。内田百閒について、長い評論も書いたそうだがそれはまだ見ていない。

それでふと思いついたことであるが、ものを書くほどの人であってみれば、昔、麦雲斎は太宰治にいかれたひと頃があったのではあるまいか。

太宰の中期の作品には一連の「黄村先生もの」がある。

処女作品集「晩年」の冒頭は「葉」である。本名の木村を黄村にかけて、キムラハ馬糞臭い、馬糞クセエ、バクウンサイ……。が、まさか、そんなこともあるまい。あったとしても、こんなことは面と向かって、本人には言わずもがなのことである。

この他に麦雲斎は書もやる。篆刻もする。その年賀状や暑中見舞いは相当の迫力である。この夏、貰った葉書の「炎中在自涼」は誰の暑中見舞いよりも涼しげな篆刻であった。

ところで、この間、麦雲斎が私に字を訊いてきた。いつぞや私が諸橋轍次の「大漢和」を買ったと吹聴したのを覚えていたのであろう。

「鍋蓋に包むと書いて、その下に衣の下だけ書くんですがね」

黄牧甫の印跋の中の一字だということで、結局、それは抱くと同じ字だったのであるが、私は調べ賃としてその印跋を彼に書いて貰った。書き下すと次の通りである。

黄牧甫・印跋

陵少《ワカ》キトキ寇擾ニ遭ヒ、未ダ嘗テ学問セズ。既ニ壮ニシテ怙恃《コジ》ヲ失ヒ、家貧ニシテ落魄シ、以テ衣食ノ計ヲ為ス無シ。市井ニ溷蹟《コンセキ》スルコト十余年、旋《タチマ》チ復タ業ヲ失ヒ、湖海ニ漂零シ、茲ノ末技ヲ籍《カ》リテ以テ其ノ口ヲ餬《コ》ス。今ヤ老ヒタリ。将ニ此ヲ哀《イダ》キテ以テ終ラントス。是ヲ刻シテ以テ愧《キ》ヲ志《シル》ス。

丙申夏六月士陵自ラ記ス。


陵は牧甫の諱である。

大意をいえば、

「僕の若い頃、戦争があり、ろくに勉強もしなかった。大きくなって両親が亡くなると、家は没落、食べるにも事欠いて、社会の底辺に埋もれること十余年、落ちぶれ果てて、今はしがない篆刻の技をかりての身過ぎ世過ぎだ。しかし、もう齢だなあ。間もなくこの作品を抱いて死ぬことだろう。この文章を刻んで、恥多かった自分のことを記録した。」

というのである。

私は読みながら不思議な感動を覚えて、直ぐ麦雲斎に電話した。

「いい文章だね。流石だ。凄いねえ。あれは僕らの世代なら誰にでも当てはめられる墓銘みたいなもんだが、問題は末技だね。自分にとっての末技が何であるかだ」

ひょっとすると、麦雲斎の職業は、やはり篆刻家なのかも知れないと思ったりした。

徐アンナ先生

韓国に語学留学したとき、はじめての受持ちに徐《ジョ》アンナという若い先生がいた。女性である。この先生は、いわゆる「読む、書く」の先生だった。別にもう一人受持ちがいて、そちらは「聞く、話す」の先生だった。私たちは、このような分担で、毎学期、二人の先生から韓国語を習った。

徐アンナ先生は、七人の生徒に、毎日、韓国語で日記を書かせて提出させ、それに丁寧に朱筆を入れて返してくれた。毎日のことだから、二冊、ノートが必要である。Aのノートを提出した日には、Bのノートに日記を書く。翌日、Bのノートを提出すると、真っ赤になるほど訂正されたAのノートが返されてくる。そのノートに、訂正された文章をもう一度、清書して、それから今日の新しい出来事を日記に書く。生徒は、そのほかに明日の予習もある。辞書を引いて予習しておかないと、授業は韓国語ばかりだから、聞いてもチンプンカンプンで理解できない。予習ができていると、ああ、今、たぶん、ここをこう説明しているのだな、と見当がつく。こう説明するのに、韓国語ではこういうのだな、と、それを積重ねて、だんだん覚えていくという勉強の仕方である。いま思うと、生徒も大変だったが、先生はもっと大変だったろう。なにしろ七人分の日記に朱筆を入れる仕事である。訂正しなければ、生徒は間違いを、それでいい、と思いこんで覚えてしまうのだ。先生のためには、時にはもっとさぼって差し上げた方がよかったのかもしれない。

ある日、雪が降った。徐アンナ先生は、今日は日記でなく、作文を書いてくるようにと言った。日記と作文とどう違うのですか、などと混ぜ返す生徒もいる。先生は、作文には題がある。題は「雪」。長い文章を書いてくるように、と言って質問した生徒を睨んだ。

私は、おおむね、次のような文章を書いて提出した。

「私は一九二九年、日本の呉という地方都市で生れた。父の仕事の関係で、三歳から幼稚園まで、当時の韓国に移り住んで育った。だから、雪についての最初の思い出は、日本の雪でなく、韓国の雪である。

私には姉が二人いた。雪が降った日の朝、姉たちは学校に行くのに靴の先に唐辛子の種を詰めていた。ストーブの上で石を焼き、その石を新聞紙で包んで手に持って出かけた。石が冷めてくると、新聞紙を少しずつ剥ぎ取って行けばいい。そうするといつまでも指先を暖められるからである。私はまだ学校へ上がっていないので、そうやって出かけていく姉たちを玄関で見送った。

母が、お盆の上に雪でウサギを作ってくれた。眼は赤い南天の実だ。耳は同じく南天の葉だ。そして、きれいな雪をお皿に盛って、母は、それに蜂蜜を振りかけてくれた。私は匙で食べながら、暖かいオンドル部屋の中から、窓越しに庭に降り積った雪を見ていた。

あれから、もう、五十年以上経つ。そして今、そのソウルに、私は韓国語の勉強に来ている。雪が降ったので、雪ウサギのことを思い出してしまった。姉たちが、そうだ、耳当てをかけていたことも思い出した。語学堂から帰る途中で、新村の市場で耳当てを見つけた。ソウルの雪は、踏むと鳴る、その音がいい。」

徐アンナ先生の一言批評は赤いインクで、「いい思い出をお持ちですね。雪ウサギとお母さん、よく書けました。アンナ。」だったが、その言い回しは、とても先生が生徒に当てて書いたとは思えぬ鄭重な文章であった。

チャム　アルムダウン　チュウオグル　カジゴ　ケエシヌングンニョ。ヌントキ　ワ
　オモニム、チャール　スショッソヨ。アンナ。

韓国はさすがに敬老のお国柄である。

『箕子操《きしそう》』出版のいきさつ

兼川さんは、お住まいだった福岡市早良区藤崎のマンション建て替えのため、二〇一七年秋転居されました。転居先は、糸島市志摩芥屋の別宅。風光明媚な海辺のお宅で、二年半ほどを過ごされます。引っ越しの際、「古代史はもうこのくらいで……」と古代史研究に区切りを付けられて、六五〇冊ほどの貴重な蔵書を私に下さいました。驚きましたが有り難く戴くことにしました。その後、大きな段ボール箱一杯の「古代史関係資料」が、また少しして、パソコンから取りだしたフロッピーディスクが届きました。

まず、本の整理、次に加茂孝子さん（元九州古代史の会の役員）と二人でフロッピーディスクからの文章読み取り、それが一段落して「古代史関係資料」と書かれた段ボール箱を開いてみました。その中にA４のクラフト封筒があり、二つ折りにした原稿用紙一〇八枚が入っていました。「箕子操」の原稿でした。見慣れた兼川さんの文字が、いつもより丁寧に書かれていて、作品への思いの深さが感じられました。一気に読みました。読後、身体の中を気持ちのいい風が吹き抜けて行くようでした。すぐに加茂さんに電話して、「ぜひ出版したい」との思いを告げました。加茂さんも「これはたくさんの人に読んでもらいたい作品ね」と賛成してくれました。その後、兼川さんのご許可を得て、不知火書房から出版の運びとなりました。

この原稿がいつ書かれたのかははっきりしませんが、これと同じく左隅に兼川と名前が入った原稿用紙を見たことがあります。その時は「もうパソコンにしたからこれも要らなくなったよ。まだたくさんあるんだけどね」と恥ずかしそうに笑っていらっしゃいました。平成の初めの頃でしたから、その時にはもう「箕子操」は完成していたのですね。

いつの例会だったか、古朝鮮の歴史について兼川さんに話していただいた時に、箕子朝鮮の準王を南に追いやった燕の衛満《えいまん》の話になり、「悪いやっちゃなぁ、衛満は」と笑っていらした姿が想いだされます。古朝鮮とは檀君《だんくん》朝鮮、箕子朝鮮、衛氏朝鮮を総称した呼び方です。朝鮮半島における歴史上最初の国家で、中国東北地方南部の遼東一帯と朝鮮半島西北部を中心とした地域を指します。紀元前一〇八年に前漢に滅ぼされるまで続きました。

奇しくも二〇一九年五月、中国旧満州地域三省のうち、高句麗初代王朱蒙《チュモン》建国の地、遼寧省桓仁と、十九代好太王碑の建つ吉林省集安を旅することができました。好太王は、漢に奪われていた古朝鮮の故地を取り戻したことで「広開土王」とも呼ばれています。今は桓仁、集安ともに鴨緑江を境として中国領となっていますが、古朝鮮の版図と重なります。旅の途中で見た景色が箕子も見たであろう山河や青い空と重なって今も目に浮かんできます。

小説のタイトル「箕子操」について。諸橋轍次の『大漢和辞典』には〔箕子操〕の語義として「樂府、琴曲歌辭の一。一名、箕子吟。商の箕子が紂の淫泆を諫めて聴かれず、佯って狂人となり、宗廟の廃墟となるを痛んで作ったもの。」と釈があります。一方、〔操〕には、「とる、あやつる、せまる」等の他に、「みさを」ともあります。殷へのみさをを、どうしたらつらぬくことができるか。それが箕子をして朝鮮へ行って東夷の人々を教化させ、周の武王に対しては天下安民の道として洪範九疇を演述させた……。

兼川さんは、箕子の殷の王族としての矜持を「操」の一字に込めて、小説のタイトルとされたのではないかと思います。

後半に収録した三十二篇は、郷土雑誌「博多のうわさ」や九州味の名店会「新・味の旅」、「ナドリ通信」等に掲載されていたものです。それらの中から古代史関係のものをⅡとⅢに、残りをⅣに振り分けました。ほとんどが、お預かりしたフロッピーディスクに記録されていたものです。

二〇二〇年十一月

——「倭国」を徹底して研究する——　九州古代史の会　恵内慧瑞子

産屋《うぶや》屋敷の事

恵内慧瑞子

この「産屋屋敷の事」は、兼川家別宅の一部が地元芥屋《けや》地区で「産屋屋敷」といわれていたことから、兼川夫人に「子供達に伝えておきたいから由縁を書いて」との依頼を受け、故灰塚照明氏の考察を柱に書いたものです。灰塚さんは、兼川家の別宅が産屋屋敷の跡だったことを突き止めた経緯について「とっておきの楽しいお話」として書いておられます（二九七頁）。こちらも併せてお読みください。

1

日本の国を創った神々について関心を寄せる人が少なくなりましたが、この筑紫《ちくし》には『古事記』『日本書紀』（以下『記』『紀』と略します）に登場する神々が息づいています。糸島市志摩《しま》芥屋は、神々たちがこの国に出現されたとされる要となる場所なのです。『記』『紀』に書かれる神代の神々は主に北部九州を中心として活動します。
『記』『紀』に登場し、最初に生き生きと行動するのは伊奘諾《いざなき》尊と伊奘冉《いざなみ》尊です。二人は韓半島から海を渡り来て、室見川中流域に拠点をおき、力をあわせて国生み、神生みをします。しかし伊奘冉尊が亡くなり、伊奘諾尊は嘆き悲しみ、もう一度逢いたいと黄泉《よみ》の国に行くのですが、蛆《うじ》の涌いたその姿に恐れをなし逃げ帰ろうとします。恥をかかされた伊奘冉尊は伊奘諾尊を怨み、追いかけて二人は壮絶な争いを繰り返し、それ以後敵《かたき》同士となってしまいます。

やっと逃げ帰った伊奘諾尊は、身体の汚れを清めようと禊祓いをしますが、ここでも神々を生みます。禊祓いの地は『記』『紀』にそれぞれ「竺紫日向之橘小門之阿波岐原」「筑紫日向小戸橘檍原」と書かれています。

「竺（筑）紫の日向」は日向《ひなた》峠や日向《ひなた》川のある福岡市西区から糸島市にかけての地。糸島市志摩芥屋にある大祖《たいそ》神社の故小金丸正種宮司が明治三十四年十一月に作成された「村社大祖神社御由緒調査書」には、「橘」は立石鼻《たていしばな》の仮字、「小戸」は大門の同語であり、玄武岩の柱状節理が厳かな「芥屋大門」は大祖大明神、大戸大明神の神窟であると書かれています。芥屋大門《けやのおおと》は玄界灘に向かってそそり立ち、浸食によって内部に大規模な洞窟が三つ出来ています。その洞窟を「神窟《しんくつ》」といい、神窟の前の瀬を「上《かみ》つ瀬」、「中《なか》つ瀬」、「下《しも》つ瀬」と呼んでいます。『記』『紀』では、伊奘諾尊が禊祓いをした場所をともに「中つ瀬」としています。そこで生まれた神々が枉津日神《まがつひ》、直日神《なおび》、綿津見神《わたつみ》、筒之男神《つつのお》等で、最後に天照大神、月読尊、素戔鳴尊の尊い三神が生まれ、伊奘諾尊は三神に文治を言い渡すのです（この三神を『紀』の一書では伊奘諾尊、伊奘冉尊二人の子としています）。

糸島市志摩地域の海岸のうち、野北《のきた》から芥屋、岐志《きし》、久家《くが》にかけての南北二里ばかりの海辺は一名「阿波岐原《あわきがはら》」と呼ばれています。伊奘諾尊の禊祓いによって生まれた神々の社も、揃ってこの地域に祀られています。

素戔鳴尊の娘婿とされるのが大己貴《おおなむち》神です（『紀』の一書では六世の孫ともされています）。大己貴神は少彦名《すくなひこな》神と力を合わせて多くの国々を造り治めていましたが、高天原の神々に侵攻されて降伏し国譲りを余儀なくされます。求められた地は大己貴神の傘下にあった大山祇《おおやまづみ》神の国でした。

高天原の神である天照大神と高皇産霊《たかみむすひ》尊は、孫の瓊瓊杵《ににぎ》尊をその地に天降《あまお》りさせます。これが「天孫降臨」と呼ばれるものです。この天降りの地「筑紫の日向の高千穂の久士布流多気《くしふるたけ》」とは、糸島市の高祖山《たかすやま》の第二峰と考えられます。糸島市には瓊瓊杵尊を祭神とする天降《あまおり》神社が十二カ所十三社確認されます。

瓊瓊杵尊は、大山祇神の娘の神吾田鹿葦津《かむあたかしつ》姫と結ばれます。鹿葦姫は、又の名を神吾田津《かむあたつ》姫、あるいは木花之開耶《このはなのさくや》姫ともいいます。二人には火闌降《ほのすそり》命、彦火火出見《ひこほほでみ》尊、火明《ほのあかり》命の三人の子供が生まれます。『記』『紀』の記述には三人の出生の順序や名前に相違があるため、ここからは兄・火闌降命を海幸彦、弟・彦火火出見尊を山幸彦として書いていきます。

　ある日、山幸彦は海幸彦と持ち物を取り換えて漁に出るのですが、魚は釣れず兄の釣り鉤《ばり》を失くしてしまいます。兄から鉤の返還を迫られて憂えさまよう山幸彦の前に、塩土老翁《しおつちのおじ》が現れます。山幸彦の話をきいた塩土老翁は無目堅間《まなしかたま》の小舟をつくり、それに山幸彦を乗せて海の中に押し放ちます。すると小舟はおのずから海神《わたつみのかみ》の宮に着きました。この海神の宮の所在地は対馬であったと考えられます。

　ここで山幸彦は、海神豊玉彦《とよたまひこ》の娘、豊玉姫を妻として暮らし三年が過ぎました。ある日、豊玉彦は望郷の念に駆られて嘆く山幸彦の様子を見て、ここに来た理由をたずねます。兄の釣り鉤を失ったことを聞くと、豊玉彦は全ての魚を集めて調べ、鯛女《たいめ》の口に釣り鉤を見つけます。そして、その釣り鉤と潮満瓊《しおみちのたま》、潮涸瓊《しおひのたま》を山幸彦に与え、その用法を教えて国に帰します。

　国に帰った山幸彦は、釣り鉤と二つの瓊を使って徹底的に兄を懲らしめ、服従させて臣下とします。『紀』の一書の異伝には、海幸彦が「これから先は吠《ほ》ゆる狗《いぬ》として山幸彦に奉事する」と書かれた件《くだり》がありますが、加布里《かふり》には犬石《いぬいし》の地名が残っています。その加布里にある神在《かみあり》神社の横の祠には奇妙な形をした石が鎮まっていて、前記の小金丸宮司の「神在神社御由緒書」には「この石は犬石であり、神社の祭神は火闌降命」となっています。しかし現在では「足形石」と呼ばれ、祭神も彦火火出見尊となっています。私にはこの石は海幸彦（火闌降命）の溺れ苦しむ様を表しているように見えました（『紀』の一書（第四）にも「溺苦《くるし》びし状《かたち》を学《なら》ふ」とあります）。

山幸彦は海神の助けを借りて、本来は筑紫日向の統治者瓊瓊杵尊の後継者であった海幸彦の地位を手に入れます。これは兄弟間の壮絶な権力争いを語ったものだったのです。

海神は、豊玉姫、玉依姫《たまより》と二代にわたって妃を入れ、山幸彦の外戚となり筑紫に進出し、今、福岡市東区の志賀海神社の祭神となっています。宮司家である安曇氏はこの海神の子孫です。

話を戻します。豊玉姫は海神国で山幸彦と別れる時、すでに懐妊していました。「天つ神の御子を海神の国で産むわけにはいかない」と、山幸彦のもとにやって来ます。出産に際しては、前もって海辺の渚に鵜葺草《うがや》で産殿《うぶや》を建てておくよう頼んであったのですが、まだ建て終わらないうちに陣痛がきてしまいます。まさに出産という時に、豊玉姫は「私は子を産む時には、本の国の姿になり出産します。絶対に中を見ないように」と頼みます。それなのに山幸彦は盗み見をしてしまいます。産殿内には大きな八尋大鰐《やひろのわに》がくねくねと這いまわっていました。山幸彦は怖くなり逃げ出します。それに気づいた豊玉姫は恥じて怒って海神の国に帰ってしまいます。

海神国では、魚等の害から身を守るため、文身すなわち入れ墨をする習慣がありました。入れ墨が三角の鱗のような模様をしていて、それが大鰐のように見えたということではないでしょうか。

豊玉姫が産んだ御子は、天津日高日子波限建鵜葺草葺不合《あまつひたかひこなぎさたけうがやふきあへず》命と名づけられました（記）。御子の養育を妹の玉依姫に頼んで豊玉姫は海神国へ帰りました。

いま、芥屋の南には天神山があり、そこに山幸彦と豊玉姫を祭る松原天神社があります。種族の違いから別れねばならなかった二人でしたが、わずかな日々でも二人はここで幸せな時間を過ごしたのではないでしょうか。この松原天神社も今は大祖神社に合祀されています。

成長した鵜葺草葺不合尊は、叔母である玉依姫を妻とします。二人には次の五人の御子が生まれます。彦五瀬《ひこいつせ》命、稲飯《いなひ》命、奈留多《なるた》姫、三毛入沼《みけいりぬ》命、神日本磐余彦《かむやまといわれひこ》。奈留多姫は地元の産《さんの》宮《みや》で安産の神として親しまれています。末子の磐余彦は可也《かや》山頂近くの可也神社に祀られています。磐余彦は日向《ひなた》から出発して東へ向かい、大和《やまと》の地で初代王となり神武天皇と呼ばれます。私は、このヤマトの地名も筑紫にあったと考えています。

山幸彦は高千穂宮で五百八十年を生きますが、これは代々襲名をしたためだと考えられます。御陵は高千穂の山の西にあるとされています。鵜葺草葺不合尊は西洲《にしのくに》の宮で亡くなり、日向の吾平山上の陵に葬られたとされています。

2

産屋の場所は、福岡県糸島市志摩芥屋六百三十八番地。旧い地番では、芥屋村大字芥屋字西といいます。芥屋大門にある大祖神社（伊奘諾尊の禊祓いの場所）と塩土神社（山幸彦を助けた塩土老翁を祀る神社）の中間に位置します。ここに兼川家別宅はあります。その敷地には、豊玉姫が鵜葺草葺不合尊を産んだ産屋屋敷があり、産屋神社が建てられました。村民はそこをご誕生の地として尊び、佃をなさず、不浄を置かず大切に祀っていましたが、今は大祖神社に合祠されています。敷地の一画に井戸の跡が残っているとのことですが、今はそれらしい石組みはあるものの、井戸だと確定するのは難しい状態です。

豊玉姫は、海神の国の習慣にならって夫の国で出産をしました。それについて、灰塚さんの以下のような論考があります。

豊玉姫は風濤の急峻な日に海辺に来ることを前もって山幸彦に告げていた。それは出産予定が、秋の初めから冬の終わりまでの期間を暗示している。この時期、玄界灘は北西の強風が吹き、追い風で速く目的地に着けるからだ。産屋屋敷の立地条件をみると、海岸部は海抜約五メートル、そこから内陸部へ約四十メートルの間はさらに二～三メートルの小高い丘陵地帯を形成、そして約十メートル内陸部へ入ると、海岸部より約一・五～二メートル低い平地となる。ここであれば、玄界灘特有の強い北西風を避けられる好条件の地、いうなれば出産の地としても、まことにリアルといえるだろう。また、鵜の羽で産屋を葺いたというのは、安産の霊力が鵜の羽にあると信じられていたからであろう。鵜の特性として、呑み込んだ生魚を容易に吐きだすからである。奄美大島では、自分の家に妊婦がある時には屋根を葺かない習慣がある。対馬の木坂では、お産をするのに産屋を建て産婦は別居生活をした。共に南方系の安産祈願という。

また灰塚さんは、次のような兼川さんからの助言も書き遺しておられます。

　志摩地方では鵜をよく見かける。鵜を捕らえるのに、罠や網を使わず、鵜の集まる岩場などにとりもちを塗り、捕獲する。とりもちで羽がベトベトになり、鵜飼いに使えなくなるため捕獲の時期が難しい。

さらに灰塚さんは、その誕生時の状況から名付けられたとされる「鵜葺草葺不合」尊の表記について次のように考察されています。

『記』に鵜葺草葺不合命、『紀』に鸕鷀草葺不合尊の文字が使われている。両者ともに草葺の字が使われていて、葺は草、ススキやチガヤで屋根を覆うことである。草葺が名に用いられているからには、鵜の羽とともに草を使ったからに違いない。鵜の羽だけで産屋を葺くとなると、どれだけの数の鵜が必要とされることだろう。鵜の羽を呪術目的に使うのであれば、葺草は必要ないし、共に名前にあるのだから、やはり草葺で産室をたて、安産の霊力を願い屋根の一部に鵜の羽を取り付けたのではないだろうか。

鵜葺草葺不合尊御誕生の清浄な土地を穢さないようにと、芥屋地区では昔から産屋屋敷のあった場所には家を建たり田を作ることが固く禁じられてきました。兼川家別宅の敷地は広く、産殿の場所はその一隅なので心配ありません。

これは先日、兼川夫人からうかがった話です。

「昔、このあたりに家を建てようと土地を探していた時のこと、ここはどうかしらと思案していたの。まわりをぐるっと巡って、横の道に出るとすぐに海。そこには砂浜があり、砂浜一面が薄紫色の花で埋めつくされていたの。それで、すぐにここにしようと決めたのよ。でも不思議なことに、それからは一度もその花を見ていないの。花の名前もわからないの」
私には、何かに引き寄せられたかのような話に聞こえました。

3

通説では、『記』『紀』が語る天孫降臨の地は鹿児島県、宮崎県とされ、鵜葺草葺不合尊生誕の地は宮崎県鵜戸神宮とされています。日向は宮崎県であり、神武天皇はそこから奈良県の大和に東征したとし、大己貴神の治す出雲は島根県と比定しています。しかし、それらの比定地では『記』『紀』が語る神々の行動範囲、距離、方角、地名などとの整合性が全くありません。神話の神々といえども私たちと同じ人間なのですから、歴史復元には合理的な思考・方法で臨むべきでしょう。

私たち「――「倭国」を徹底して研究する―― 九州古代史の会」では、主に兼川晋、灰塚照明、鬼塚敬二郎、相良祐二さんたちによって福岡県糸島地域に熱い視線が向けられ、次々と論文発表、現地見学、例会発表がなされてきました。以上の文はこれらの研究と、芥屋の大門神社の小金丸正種宮司が書かれた「村社大祖神社、村社花掛神社、無格社大門神社、無格社鹽土神社、無格社綿積神社、無格社産屋神社、各神社御由緒調査書」（明治三十四年十一月作成の書上控）

をもとにしています（産屋神社御由緒調査書の中には先に引用した神在神社由緒書が含まれています）。

当会が出版した『「倭国」とは何かⅡ』（不知火書房、二〇一二）の第二章、筑前（糸島）も合わせてお読みください。

とっておきの楽しいお話

灰塚　照明

この春、産屋神社跡をたずねて、幾たびか現地付近の聞き取り調査に足を運んだ。現地調査は休日の午前中に限る。部落内のどこかで必ずゲートボールを楽しむお年寄りを見かける。しばらくゲームを観戦し、ときには拍手を送る。すると小休止のとき、見知らぬ私に声をかけてくださる。そのとき、やおらお話を切り出すのである。

「ああ、それならこの先、お大師さんを祭るお堂の三つ角を海の方へ行きなさい。あそこは昔「龍神さん」といいよりましたかな。博多の人が二、三軒家を建てとんなさるが、どこも住みついてくれんとですたい。いちばん西寄りのコンクリート建ての家の前の、低い畠の右手、いち段高くなったあたりで、いまは高草がいっぱい生えとるところが跡地ですよ」と、住み手のない家がもったいないない、淋しいとの思いをこめて教えて下さった。

すぐに席を立つわけにはゆかぬ。休憩の間、楽しい世間話のお相手もだいじなひと時。たまには重要な手掛かりを得ることもあるからだ。今回もそうだった。ひとりのお婆さんが私の耳に片手を添え、あたりを憚るように、「あの家は名前も知らんけど、暴力団の人かも知れんよ。ナイショばい」という。が、お歳のせいか声は大きかった。ゲーム再開。皆さんにお礼を述べ、ひとり現地へ向かう。

三度目の探訪で、ようやく畑仕事中の中年のご婦人とお会いすることができた。ご返事はさきのお婆さんと全く同じ。

跡地の確認はできたが、残る作業は跡地の所有者・管理者からの聞き取りである。それが氏名不詳の暴力団とは少し厄介だな。やはり前原警察署に行くとするか、と思案しながら海岸で一服。東方の火山《ひやま》の中腹から飛び出すパラグライダーの行方を目で追ううち、急に思い出した。私たち九州の会・代表幹事（当時）兼川晋さんの別宅が、この三軒のうちのどれかだった。

急ぎ帰宅。その日の夕刻、兼川氏に会い、現地付近の略図にお堂と三軒の家を書き込み確認を求めた。すると一番左（西）の家という。そこが問題の家なのだ。

Q「鉄筋コンクリート造り二階建、平屋根の家ですか」

A「そうだよ」

Q「そこは暴力団の人らしいという噂ですよ」

A「ウン？（と、トーンが上がる）」

二人の間に、しばし沈黙が続く。氏の手にする煙草が短くなり、長くなった灰が今にも落ちそうになったそのとき、「ソレ、やっぱり僕ですよ」。今度は私が耳を疑った。聞けば次のような話である。

「TV局にいたころ、あるドラマを制作したんだ。暴力団が殺されたというストーリーでね、葬式のシーンを撮らねばならなかった。スタヂオでは撮れないし、民家を借りてロケをやろうとなったが、誰も「葬式のシーンでは」と貸してくれない。困り果てたすえ、僕の別宅を使ったんだな。

当然のこと、濃いサングラスに黒ダブル、おきまりのスタイルの男が相当数出入りする。そんなロケだった。でもね、事前に広報車も出したし、部落の人にもたくさんエキストラで出演してもらったんだよ。おかしいんだなー。広報効果、全くなかったのかなー」

思わぬ地元の噂に苦笑されるばかりだった。

そして、私の調査結果を知り、「エーッ、僕んちがーッ」と驚きをかくさなかった。

兼川さんの別宅は敷地約二八〇坪（約九一〇平方米）、その南端の一部、およそ二畝＝約六〇坪（約二〇〇平方米）の草地が、ナント、『葺不合尊御生誕の地』なのだ。なんという奇縁であろう。――事実は小説よりも奇なり――

その日の晩酌、どんな味だったろう、お聞きしたいものである。

（一九九六・八・四）

あとがき

加茂　孝子

ここでは本書「箕子操」の著者、兼川晋さんのお人柄の一端について触れてみたいと思います。

おこがましくも私がこの「あとがき」を書くことになりましたのは、兼川さんが古代史研究会の発会に携わられた時から、私がその発会メンバーの一人として氏と長いお付き合いがあったからでしょう。

折しも古田武彦氏の「多元的古代史研究」に刺激を受け、この福岡の地でも古代史に関する研究・関心が高まって、講演会や研究発表やシンポジウムが各地で開催されていた頃でした。平成元（一九八九）年、あるシンポジウムに参加した数人で自前の研究会をつくって勉強をしようということになりました。たまたまその場にいた私にも「あなたも一緒にやりましょう」

とお誘いがかかり、「はい、よろしくお願いします」と気安く参加させて頂くことになりました。

会を始めるにあたって代表幹事をどなたかにということになり、灰塚照明さんが「兼川さんという方が適任者だと思う」と推薦されました。灰塚さんは福岡県警で長年捜査に携わってこられた方で、その眼力の確かさは後々実感することになりました。

兼川さんは民放テレビを平成元年六月に退職されて、これから韓国に語学留学をされるという切羽詰まった状況でしたので、私たちは急遽数人で兼川さんに代表幹事をお引き受けくださるよう、お願いに伺いました。当初は留学を控えて「無理だよ」と何度もお断りになりましたが、お戻りになるまでにこのメンバーで「会を発足できるよう準備をしておく」と灰塚さんが熱い想いを伝えられ、兼川さんはいろいろご心配もおありだったでしょうが、最後は快くお引き受けくださいました。

こうして全国的な組織「市民の古代」後の「――「倭国」を徹底して研究する――九州古代史の会」（以下、九州古代史の会）を晴れて発足することとなりました。

代表幹事に兼川氏が、発会に関わられた灰塚氏・元福岡県警本部の鬼塚敬二郎氏・中学校教諭の荒金卓也氏・製菓会社社長の森恍次郎氏・学校事務職員加茂孝子ほか計八名が役員となりました。

「九州古代史の会」としての第一回の例会は一九九〇年一月二〇日で、兼川さんのドキュメンタリー番組「倭人も太平洋を渡った」の鑑賞とそれに関する講演でした。この講演は兼川さんが古田武彦氏とともに南米エクアドルの古代遺跡を視察してドキュメンタリー番組として作られたものがもとになっています。

以後、「市民による市民のための研究会」を目標に多くの会員が独自の研究を進めて例会で発表してきました。また、著名な講師や地道に発掘調査に携わってこられた方々、地元ならではの研究者をお招きしての多彩な講演と史跡巡りは、私には驚きの連続でした。

さらに、特別講演会や見学会は、その後の講師の方を囲んでの茶話会や飲み会も会員の楽しみでした。講演会や見学会では理解が不十分だったり消化不良だったりしたことについて会員から質問や意見がどんどん出され、講師も本音で答えてくださって大いに盛り上がり、楽しい実りある時間となりました。

ところで、会における兼川さんの何よりの業績は、ニュースの毎月一回（七八号からは二カ月に一回）の定期発行、通算百四十号に及ぶ継続編集・発行ではなかったでしょうか。会の内外から寄せられた原稿は氏の卓越した知識と眼力、さらにはその上にある温かい人柄によって推敲されて会員に届けられていきました。このことは二十年間、会の運営に関わってきて私が一番感じ入ったことです。もちろん兼川さんも数多くの論文を発表され、会員に多くの刺激を与えられたことは言うまでもありません。役員会の皆さんを始め、多くの会員の皆さんもきっと楽しく遣り甲斐を感じながら会を支えてくださったと実感しています。
兼川さんは九州古代史の会の代表幹事に就任される前は福岡の民放テレビ局でディレクター、プロデューサーとして活躍されていました。手元の資料では、以下のような作品の制作にたずさわられています。

「或る訪問　坂本繁二郎の画業」　日本民間放送連盟　優秀賞
「海峡　在韓日本人妻たちの三十六年」　日本民間放送連盟　優秀賞
「私に祖国を　ベトナム難民の記録」　赤十字映画祭　優秀賞
「ころび申さず候　カスイ・キベの生涯」　日本民間放送連盟　優秀賞
日本民間放送連盟　優秀賞
ギャラクシー賞
「石に刻む　もう一つの沖縄戦」　地方の時代　平和賞
芸術祭　芸術作品賞
ギャラクシー賞
「かよこ桜の咲く日」　地方の時代　平和賞

「南方特別留学生の軌跡」　上海国際テレビ祭賞
「吉四六村の天平君」　日本民間放送連盟　優秀賞
「博多人形」「にわか煎餅」　他のCM　日本民間放送連盟　優秀賞

他にも多くのドキュメンタリー作品の制作に携わってこられ、様々な賞を受賞されています。

仕事柄、多岐にわたって膨大な資料の調査・研究をされてこられたことが、残されているノートやメモ、パソコンのMO・ビデオテープなどからもよく解ります。兼川さんの温かい人柄とアジアや日本の歴史に対する深い理解は、番組制作の仕事を追究されていく中でより一層深められていったと思われます。同僚・後輩の方々からの人望も厚く、その人柄と合わせて大変信頼されていたと元スタッフの方からお聞きしました。

本書に収録された「箕子操」では、歴史の大きな転換点で生きた一人の人間の苦悩と決断が描かれています。それは兼川さんが中学二年の時に「麦秋の嘆」を知ってから、戦争、焼け跡、復興、そして制作者としての仕事の中で温められ、醸成されてきたものではないかと私には思われます。多くの作品を制作する中で時代に翻弄されながら生きてきた人々の姿を知り、日本の歴史を、ひいては半島、大陸、アジアと日本の歴史的な関わりをより深く研究しようと考えられたのは至極当然のことだったろうと思います。また、幼少期を釜山で過ごされたことも影響していたのではないでしょうか。

先にも述べましたが、兼川さんは民放テレビ局を定年退職されたあと韓国延世大学言語研究教育院に留学、それを機に韓国の著名な学者との関係も深まっていったようです。二〇〇〇年に『韓半島からきた倭国』(李鐘恒著)、『伽耶国と倭地』(尹錫暁著)を翻訳出版、その他部分訳も多数あり、二〇〇九年には『百済の王統と日本の古代』を出版、それぞれ版を重ねて多くの方々に読み継がれています。

さて、ここまで兼川さんの古代史研究やお仕事方面のことについて書いてきましたが、私が知る氏の他の側面についても少し触れておきたいところです。兼川さんは多才な方で、人間はもとより、動植物を見る目も温かく、水墨画として多くの作品を描かれています。自宅で飼っていらっしゃる愛猫を描いて「猫展——水墨画百態」と題して個展を開かれたこともありました。風景や植物の水墨画は心打たれる作品ばかりで年賀状を頂くのが楽しみでした。

漢詩もよくされて、品格のある作品で浅学の私は解説つきで鑑賞させて頂きました。九州古代史の会では現地見学会をよく行い、国内はもとより中国、韓国にも数回行きました。どこにも立派な碑文・墓碑があり、資料館・博物館には様々な古文書が展示されていましたが、いつも兼川さんの解説つきでした。

そうそう、唐津の菜畑遺跡などの見学会に行った時のことです。福岡に帰着して、大切なバッグを唐津の見学地に置き忘れられたことがわかり、急ぎ車を走らせて探しに行ったことがありました。二時間以上も経過していてなかばあきらめて博物館に着いたら、バッグは元の石段にちゃんとあるではありませんか。

食事会や飲み会に行って帽子や傘の忘れ物は度々。電車の切符の仕舞い場所を忘れたり、カードの紛失も。でも不思議にあとで出てくるんですね。その陰で奥様の奮闘ぶりは大変だったろうと思います。ある時は私の車で見学会の下見に行ったはよかったものの、氏愛用の記念の小銭入れが無い！ 車の中を隈なく探すも見つからず、どこかで落とされたのかと……。一週間後、散々走り回っていた車の後方のステップにちょこんとのっかてるのを見つけてビックリ。と、本当に不思議な方です。

二十年に及んだ九州古代史の会を退かれるに至った経緯については色々ありましたが、多くの会員に惜しまれながらの退陣は本当に残念でした。

兼川さんは令和元年に卒寿を迎えられました。その年にこの「箕子操」の原稿が見つかったのは何という奇遇でしょうか。

初出一覧

Ⅰ　箕子操　　未発表

Ⅱ　古代への旅

日向峠　　新・味の旅7巻（1997年4月15日）
可也山　　新・味の旅8巻（1997年7月15日）
芥　屋　　新・味の旅9巻（1997年10月15日）
志賀島の金印1　　新・味の旅10巻（1998年1月15日）
志賀島の金印2　　新・味の旅11巻（1998年4月15日）
志賀島の金印3　　新・味の旅12巻（1998年7月15日）
九州の難波1　　新・味の旅13巻（1998年10月15日）
九州の難波2　　新・味の旅14巻（1999年1月15日）
九州の難波3　　新・味の旅15巻（1999年4月15日）
夜光杯　　新・味の旅3巻（1996年4月15日）
金海のパジョン　　新・味の旅5巻（1996年10月15日）
光州の牛刺し　　新・味の旅4巻（1996年7月15日）

三峡に游ぶ　博多のうわさ　2003年2月号

Ⅲ　アレナレ河

アレナレ河　博多のうわさ　2003年9月号
堤上の墓　ナドリ通信　第3号（1995年1月1日）
ハングルの創制伝説　ナドリ通信　第7号（1999年1月1日）
鵲について　掲載誌不明（1991年頃か）
縄文人と弥生人　博多のうわさ　1999年2月号
天孫降臨の解釈について　多元的古代・九州の会　ニュース71号（1997年5月18日）
三世紀以前の朝鮮半島　多元的古代・九州の会　1996年例会発表
百済はなぜクダラか　博多のうわさ　2004年5月号
草場文書　博多のうわさ　2002年2月号
地震の記録　博多のうわさ　1995年3月号
銅銭と銀銭の話　博多のうわさ　1999年6月号・7月号
古事記と日本書紀　市民の古代研究会・九州　ニュース39号（1993年9月18日）
古事記のなかの楽器　掲載誌不明（1993年頃か）
エクアドル訪問記　西日本新聞　1981年9月4日

Ⅳ　最後の授業

最後の授業　博多のうわさ　1997年7月号
ペンギンの話　博多のうわさ　2005年4月号
幻のスンダランド　掲載誌不明（1995年頃か）
末技について　博多のうわさ　1985年11月号
徐アンナ先生　新・味の旅2巻（1996年1月15日）

兼川 晋（かねかわ すすむ）
1929年、広島県に生まれる。旧制五高を経て、54年、広島大学文学部を卒業。58年からテレビ西日本勤務（番組プロデューサー）。88年から九州芸術工科大学等の非常勤講師。―「倭国」を徹底して研究する―九州古代史の会元代表幹事。
著書『百済の王統と日本の古代』（不知火書房）
訳書『韓半島からきた倭国』（新泉社）
　　『伽耶国と倭地』（新泉社）
共著『越境としての古代』①〜⑦（同時代社）
　　『「倭国」とは何か』（同時代社）
　　『「倭国」とは何か Ⅱ』（不知火書房）

箕子操

2021年3月20日　初版第1刷発行©

定価はカバーに表示してあります

著　者　兼　川　　晋
発行者　米　本　慎　一
発行所　不　知　火　書　房

〒810-0024　福岡市中央区桜坂3-12-78
電話　092-781-6962
FAX　092-791-7161
郵便振替　01770-4-51797
印刷／青雲印刷　製本／岡本紙工

ISBN978-4-88345-131-9　C0021

私が「麦秀の嘆」という言葉を習ったのは中学三年生の一学期であった。昭和十八年の四月、戦争もまだ内地はそれほどひどい状態でなく、学徒動員令の前なので授業も普通に行なわれていた。私はこの言葉を午後の東洋史の時間に聞いた。

「行けど進めど麦また麦の、と歌にもあるだろう。支那の平野は、日本の平野なんか問題にならんほど広くて、そこに箕子の一行が来